Treasures for Scholars Worldwide

師顧堂叢書

蔣鵬翔 沈楠 編

張敦仁本鹽鐵論

〔漢〕桓寬 撰

广西师范大学出版社
GUANGXI NORMAL UNIVERSITY PRESS
·桂林·

Zhang Dunren Ben Yantielun

出 品 人：賓長初
策劃編輯：馬豔超
責任編輯：馬豔超
助理編輯：白星飛
責任校對：肖承清
責任技編：郭 鵬
書籍設計：楊 威

圖書在版編目（CIP）數據

張敦仁本鹽鐵論／（漢）桓寬撰．—桂林：廣西師範大學出版社，2019.1
（師顧堂叢書）
ISBN 978-7-5495-8990-6

Ⅰ．①張… Ⅱ．①桓… Ⅲ．①官制－研究－中國－漢代 Ⅳ．①D691.42

中國版本圖書館 CIP 數據核字（2018）第 298086 號

廣西師範大學出版社出版發行
（廣西桂林市五里店路 9 號 郵政編碼：541004
網址：http://www.bbtpress.com）
出版人：張藝兵
全國新華書店經銷
廣西民族印刷包裝集團有限公司印刷
（南寧市高新區高新三路 1 號 郵政編碼：530007）
開本：880 mm × 1 240 mm 1/32
印張：11.375 插頁：6 字數：23 千字
2019 年 1 月第 1 版 2019 年 1 月第 1 次印刷
定價：236.00 元

師顧堂叢書編纂委員會

叢書編委

蔣鵬翔　沈　楠
喬秀岩　張麗娟　吴　飛　華　喆　蘇枕書

本書編輯（按姓氏筆畫爲序）

沈　楠　汪焜甫　張　琦　蔣鵬翔

師顧堂據清嘉慶十二年
張敦仁刻本景印原書框
高一九八毫米寬一一二
毫米

鹽鐵論卷第一

漢　桓寬　撰

本議第一　力耕第二　通有第三
錯幣第四　禁耕第五　復古第六

本議第一

惟始元六年有詔書使丞相御史與所舉賢良文學語問民間所疾苦文學對曰竊聞治人之道防淫佚之原廣道德之端抑末利而開仁義毋示以利然後教化可興而風俗可移也今郡國有鹽鐵酒榷均輸與民爭利散敦厚之樸成貪鄙之化是以百姓就本

鹽鐵論卷第一

漢桓　寬　撰

本議第一　力耕第二　通有第三
錯幣第四　禁耕第五　復古第六

本議第一

惟始元六年有詔書使丞相御史與所舉賢良文學語問民間所疾苦文學對曰竊聞治人之道防淫佚之原廣道德之端抑末利而開仁義毋示以利然後教化可興而風俗可移也今郡國有鹽鐵酒榷均輸與民爭利散敦厚之樸成貪鄙之化是以百姓就本

鹽鐵論卷第一

漢　桓　寬　撰

本議第一　力耕第二　通有第三

錯幣第四　禁耕第五　復古第六

本議第一

惟始元六年有詔書使丞相御史與所舉賢良文學詔問民間所疾苦文學對曰竊聞治人之道防淫佚之原廣道德之端抑末利而開仁義毋示以利然後教化可興而風俗可移也今郡國有鹽鐵酒榷均輸與民爭利散敦厚之樸成貪鄙之化是以百姓就本者寡趨末者衆夫文繁則質衰末盛則

明櫻寧齋鈔本（中國國家圖書館藏本　圖片取自第三批國家珍貴古籍名録圖録）

鹽鐵論卷第一

漢桓　寬　撰

明倪　邦彥　校

本議第一

惟始元六年有詔書使丞相御史與所舉賢良文學語問民間所疾苦文學對曰竊聞治人之道防淫佚之原廣道德之端抑末利而開仁義毋示以利然後教化可興而風俗可移也今郡國有鹽鐵酒榷均輸與民爭利散敦厚之樸成貪鄙之化是以百姓就本者寡趨末者衆夫文繁則質衰末盛則本虧末修則

明倪邦彥本（中國國家圖書館藏本）

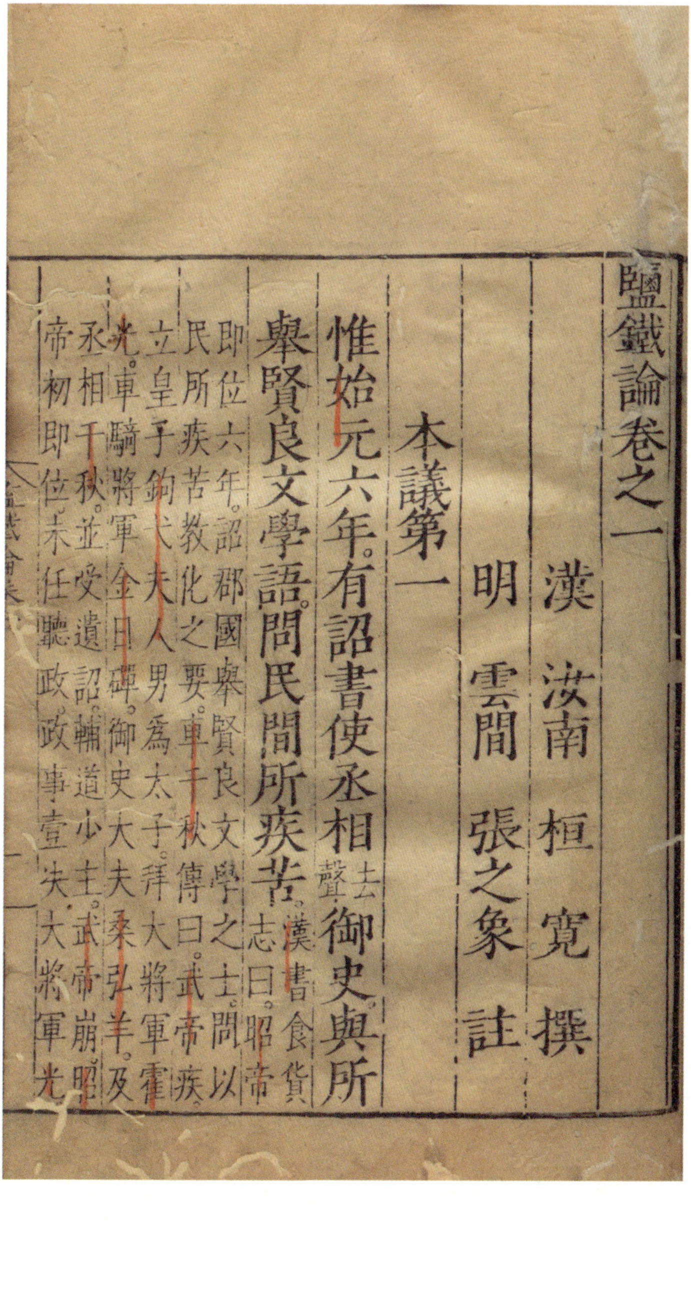
鹽鐵論卷之一

漢　汝南　桓寬　撰

明　雲間　張之象　註

本議第一

惟始元六年。有詔書使丞相（去聲）御史。與所舉賢良文學語。問民間所疾苦。漢書食貨志曰。昭帝即位六年。詔郡國舉賢良文學之士。問以民所疾苦教化之要。車千秋傳曰。武帝疾。立皇子鉤弋夫人男爲太子。拜大將軍霍光。車騎將軍金日磾。御史大夫桑弘羊。及丞相千秋。並受遺詔。輔道少主。武帝崩。昭帝初即位。未任聽政。政事壹決大將軍光。

明張之象本（日本國立公文書館内閣文庫藏本）

鹽鐵論卷第一

漢桓寬撰

本議第一

惟始元六年有詔書使丞相御史與所舉賢良文學語問民間所疾苦文學對曰竊聞治人之道防淫佚之原廣道德之端抑末利而開仁義毋示以利然後教化可興而風俗可移也今郡國有鹽鐵酒榷均輸與民爭利散敦厚之樸成貪鄙之化是以百姓就本者寡

明胡维新兩京遺編本（中國國家圖書館藏本）

(81 B.C. 昭帝)

鹽鐵論卷第一

漢桓　寬　撰

明張　袞　校

黃金　色　訂正

本議第一

惟始元六年有詔書使丞相御史與所舉賢良文學語問民間所疾苦文學對曰竊聞治人之道防淫佚之原廣道德之端抑末利而開仁義毋示以利然後教化可興而風俗可移也今郡國有鹽鐵酒榷均輸與民爭利散敦厚之樸成貪鄙之化是以百姓就本

明張袞太玄書室本（美國哈佛大學哈佛燕京圖書館藏本）

鹽鐵論卷一

漢　汝南桓寬著　徐仁毓閱

本議第一

惟始元六年有詔書使丞相御史與所舉賢良文學語問民間所疾苦車千秋傳曰武帝疾立皇子鉤弋夫人男爲太子拜大將軍霍光車騎將軍金日磾御史大夫桑弘羊及丞相千秋並受遺詔輔道少主武帝崩昭帝初即位未任聽政政事壹決大將軍光千秋居丞相位謹厚有重德始元六年昭帝詔郡國舉賢良文學之士問以民所疾苦於是鹽鐵之議起焉

文學對曰竊聞治人之道防古防字淫佚之原廣道德

明何允中廣漢魏叢書本（中國國家圖書館藏本）

鹽鐵論卷之一

漢汝南桓寬著　明東吳沈延銓校

本議第一

惟始元六年有詔書使丞相御史與所舉賢良文學語問民間所疾苦

文學對曰竊聞治人之道防淫佚之原廣道德之端抑末利而開仁義毋示以利然後教化可興而風俗可移也今郡國有鹽鐵酒榷均輸與民爭利散敦厚之樸成貪鄙之化是以百姓就本者寡趨末者衆夫

明沈延銓本（中國國家圖書館藏本）

鹽鐵論卷第一

漢桓寬撰

本議第一　力耕第二　通有第三
錯幣第四　禁耕第五　復古第六

本議第一

惟始元六年有詔書使丞相御史與所舉賢良文學語問民間所疾苦文學對曰竊聞治人之道防淫佚之原廣道德之端抑末利而開仁義毋示以利然後教化可興而風俗可移也今郡國有鹽鐵酒榷均輸與民爭利散敦厚之樸成貪鄙之化是以百姓就本

清張敦仁本（上海圖書館藏本）

鹽鐵論卷第一

漢　桓　寬　撰

本議第一　力耕第二　通有第三
錯幣第四　禁耕第五　復古第六

本議第一

惟始元六年有詔書使丞相御史與所舉賢良文學語問民間所疾苦文學對曰竊聞治人之道防（盧云張本坊下並同）淫佚之原廣道德之端抑末利而開仁義毋示以利然後教化可興而風俗可移也今郡國有鹽鐵酒榷均輸與民爭利散敦厚之樸成貪鄙之化是以百姓就本者寡趨末者衆夫文繁則質衰末盛則本虧末修則民淫本修則民愨民愨則財用足民侈則飢寒生願

清王先謙思賢講舍本（中國國家圖書館藏本）

鹽鐵論卷第一

漢桓寬撰

本議第一　力耕第二　通有第三
錯幣第四　禁耕第五　復古第六

本議第一

惟始元六年有詔書使丞相御史與所舉賢良文學語問民間所疾苦文學對曰竊聞治人之道防淫佚之原廣道德之端抑末利而開仁義毋示以利然後教化可興而風俗可移也今郡

民國商務印書館四部叢刊本

影印説明

鹽鐵論十卷，漢桓寬撰，據清嘉慶十二年（一八〇七）張敦仁刻本影印。桓寬，字次公，西漢汝南郡人。宣帝時舉爲郎，後官至廬江太守丞。其生平資料僅見於漢書公孫劉田王楊蔡陳鄭傳贊。

西漢中期，爲了在内加强中央集權，對外迫使匈奴屈服，漢武帝任用東郭咸陽、孔僅及桑弘羊等人，制定了一系列經濟政策來充實國家財政。這些經濟政策包括鹽鐵官營、酒類專賣、算緡告緡、改革幣制以及均輸平準等。通過以上各種政策，漢朝政府的汲取能力空前擴張，財政收入大幅增加，有力地支撑了漢武帝内尊帝室、外攘夷狄的雄圖偉業，使得大漢聲威遠揚，四夷畏服。然而這些措施也引起了越來越嚴重的社會問題：告緡平準使得私營工商業者率多破産；鹽鐵官營之下，鐵器大多楛惡價昂，又有鹽官、鐵官强制征發農民煮鹽冶鐵，致使農事廢弛，農民疲困；地方諸侯和富商大賈財路竭蹶，對中央也心懷不滿，伺機而動。更由於當時征戰頻仍，賦役繁興，災害頻發，官吏莫恤，百姓多亡命逋逃，嘯聚山澤，官府捕討無效，社會動蕩不安。到了武帝晚年，「海内虚耗，户口減半」，漢王朝危機四起。考慮到匈奴已弱，邊境暫安，爲了緩和帝國統治危機，武帝在征和四年（前八九）發佈了輪台罪己詔，宣佈改變以往「外事四夷，内興功利」的國策，此後務在禁絶苛暴，不得擅興賦役，致力農耕，與民休息。

不久，武帝去世，以昭帝年幼，遺詔命大司馬大將軍霍光、車騎將軍金日磾、左將軍上官桀、御史大夫桑弘羊和丞相田千秋五人輔政。金日磾於次年即去世，而田千秋又明哲保身不任事，所以權力集中在霍光、上官傑和桑弘羊的身上。桑弘羊在武帝時期已經主持推行過鹽鐵官營、平準均輸等國家經濟政策，積累了深厚的政治資本和人脈關係，且西漢御史大夫是丞相之副，所以桑弘羊實際上是外朝政府中最具實權的大臣。而霍光雖然作爲輔政集團的核心，以大司馬大將軍的身份録尚書事統領内朝，但不論資歷、功勞抑或治國經驗，皆遠遜於桑弘羊。霍光欲獨攬大權，則桑弘羊實爲最强勁的政治異己力量。而對於昭帝時所當推行的國策，兩人又各持相反的立場：霍光主張繼續秉承輪台罪己詔的精神，逐步改變武帝時期窮兵黷武、壓榨百姓的舊政；而桑弘羊則認爲應該仍舊在内興聚斂、峻刑法，對外軍事彈壓匈奴。二人逐漸敵對起來。上官傑雖然最初被霍光拉攏結爲姻親，但後來在内朝與霍争權，所以他最終選擇了聯合桑弘羊。

始元六年（前八一），霍光接受心腹諫大夫杜延年的建議，請昭帝下詔，命郡國舉賢良、文學，並令丞相田千秋、御史大夫桑弘羊等有司向所舉賢良文學詢問民間疾苦所在，進而就鹽鐵榷酤的存罷問題加以廷議，即有名的「鹽鐵之議」。在鹽鐵會議中，雙方就一系列重大國策展開了激烈争論，這不僅包括鹽鐵官營、酒類專賣、均輸平準、統一鑄幣等經濟政策，還涵蓋了對匈奴和戰、屯田戍邊等政治軍事方略。聚中央高官和地方精英於一堂，大規模且平等公開地辯論國家大政方針，這在中國歷史上是罕見的。

在鹽鐵會議上，雙方辯論的内容主要集中在國營事業的利弊存廢、對匈奴和戰政策以及治國施政的理念諸方面。賢良文學認爲，民間疾苦的根源就是國家經營鹽鐵專賣等經濟政策，要求罷鹽鐵、酒榷和均輸；對於匈奴，應當偃兵休士，厚幣和親，依靠德政感化來維持相安的局面；治國當以德化，仁政可無敵於天下，而秦國滅亡就是不修德政，嚴刑峻法的結果。賢良文學反對言利，宣稱官營鹽鐵及工商業等政策實際上是與民争利，「與商賈争市利」，非治國之本務，却引誘百姓走背義趨利的道路，敗壞原本淳樸的社會風氣，違背了古代聖賢「貴德而賤利，重義而輕財」的信條，因而提出「外不障海澤以便民用，内不禁刀幣以通民施」的放任主張。他們還引用戰國以來法家的重本抑末説，主張政府應當「進本退末，廣利農業」。

桑弘羊作爲鹽鐵會議中政府的代表與核心，明確地反對賢良文學的主張。桑弘羊認爲，興鹽鐵，設酒榷，置均輸，這些政策充實了財源，給抗擊匈奴、消除邊患提供了强有力的經濟保障，有益於國，無害於民；而國家經營工商業，既能夠增加財政收入，又可以抑制富商大賈的兼併掠奪，有利於發展農業生産。如果放任自流，只能是「罷鹽鐵以資暴彊，遂其貪心，衆邪群聚，私門成黨，則强禦日以不制，而并兼之徒姦形成也」。對於匈奴，桑弘羊認爲他們狡詐反復，無法用道德感化，只有通過戰争才能阻擋匈奴的侵擾，保證王朝的安全，而武帝對匈奴的戰争是「當務之急，後世之利」。在治國施政的理念方面，桑弘羊主張法治，認爲令是教育百姓的，法是督察奸邪的，法律嚴峻，百姓就會小心謹慎，奸邪自然止息。

鹽鐵會議的結果是鹽鐵官營和平準均輸都没有被廢除，但停止了全國的酒類專賣和關内鐵官。而在會議的次年，桑弘羊便因牽涉到「燕王之變」而被霍光殺身滅族。

至宣帝時，桓寬根據鹽鐵會議的官方記録和與會的鄉前輩朱子伯的追憶，整理推演，增廣條目，把會議和會後雙方辯論交談的内容詳盡地記述了下來，著成鹽鐵論六十篇。前四十一篇寫的是會上的辯論，第四十二至五十九篇寫的是會後的餘談，最後一篇雜論是作者後序，篇自標目，前後一氣。全書採用雙方對話、反復辯難的形式編排，並在少數地方加入了簡短的叙述或描述性文字。因爲原始材料的缺失，桓寬「推衍」和「增廣」的部分已經很難分辨出來。

桓寬在感情上明顯是站在賢良文學一方的，這就不能不對他的編述行文造成影響。從篇目取名來看，如「刺權」「刺復」「相刺」「疾貪」等都體現了桓寬對官吏權貴的譏刺態度，而「訟賢」「孝養」「崇禮」等則反映出編者對儒家思想的尊崇。在記述編排方面，桓寬有意用誇張的手法表現出賢良文學的「直詆公卿，辯難侃侃」，與此相對，公卿大夫則常常被刻畫出「默然」「作色」的窘態，而這類描寫却從未出現在賢良文學的身上，雖然文學也有被駁斥得理屈詞窮的時候。這很難令人相信書中所記述的就是未經主觀潤色加工的原始記録。

誠然，鹽鐵論帶有桓寬個人文學化加工的色彩，但不應否認作爲其底本的原始材料的真實性。書中「鹽鐵箴石」「鹽鐵取下」這類篇名顯示出原始檔案的痕跡；而授時、水旱諸篇也並不專記授時、水旱的問題，在説明桓寬編排加工並不徹底的同時，也透漏出原始材料堆砌的氣息。更值得注意的是，本書對會議中雙方辯論的記載表現出嚴密的邏輯性，往復有度，條理通暢：大夫凡四次論難，前兩次詞窮後皆由御史接上，第三次詞窮後御史已不敢再辯，不得已大夫求助於丞相；而御史、丞相論難凡三次，亦皆失利；最後一次大夫被駁得「愀然，寂若無人」，「遂罷議」。這種具有極强邏輯結構的編排，當是所根據的原始材料已經如此，而非憑空杜撰。

鹽鐵論成書後流傳不絶，漢書藝文志著録爲六十篇，隋書經籍志、舊唐書經籍志、新唐書藝文志則均著録爲十卷。宋元均曾刊版，惜皆已失傳。今存世最早之本爲明弘治十四年（一五〇一）涂禎刻十卷本，由涂本序可知其乃據南宋寧宗嘉泰二年（一二〇二）刊本覆刻。涂本刻成當年又有攖寧齋鈔本及無錫華氏活字本。其後依涂本翻刻者，有正嘉間刻九行十八字本、嘉靖三十年（一五五一）倪邦彦重校本、萬曆十年（一五八二）胡維新兩京遺編本、萬曆十四年（一五八六）張袠太玄書室本。嘉靖三十三年（一五五四），上海張之象刊刻自注的鹽鐵論，並析舊本十卷爲十二卷。從張之象本出者，有萬曆二十年（一五九二）何允中廣漢魏叢書本、天啓四年（一六二四）沈延銓四卷本、崇禎十三年（一六四〇）金蟠輯注本。張之象本雖卷第割裂，字句舛謬，因其有注，反見通行，所以入清以後，四庫全書本、王謨增訂漢魏叢書本皆據張之象本抄録或重刊，而涂本則流傳日稀，雖清人亦難得一見，至有張冠李戴者。清末葉德輝即誤以所藏之九行十八字本爲涂本，並推薦給張元濟收入四部叢刊，傅增湘已力駁其謬。

清嘉慶十二年（一八〇七），張敦仁購得涂本，隨即覆刻於江寧，並附以考證一卷，世稱「張敦仁本」，主其事者實爲顧廣圻千里，考證及考證序亦皆千里代筆。千里初以太玄書室本校己所影寫之華氏活字本，復傳録黄丕烈所鈔活字本上之攖寧齋鈔本校語，又曾手批張之象本，最後得涂本而匯校之，前後歷十餘年之久，通校全書數過。張本刊刻之時，千里將這些校訂成果匯總整理，撰成考證，附於書後。這種覆刻原書而附以考證、校記的模式，蘊含着千里對古典文獻文本校訂整理方法的思考。千里向來主張「不校校之」，他在嘉慶十年（一八〇五）所撰之禮記考異跋中明白解釋說：「毋改易其本來，不校之謂也；能知其是非得失之所以然，校之之謂也。」考證就是千里在這一學術理念下整理校訂鹽鐵論文本的具體實踐。然而細審張本，其文字實未盡同涂本，若刺復篇「買爵敗官」之「敗」作「販」，未通篇「居三年不呼其門」之「居」作「君」，貧富篇「蒭蕘者不能與之爭澤」之「蒭」作「芻」，毀學篇「小人懷士賢士徇名」之「懷士」作「懷土」，殊路篇「反遭行波流」之「反」作「及」，訟賢篇「子柳之讒也」之「讒」作「椒」，論誹篇「此人本狂」之「狂」作「枉」，利議篇「坑謂之中」之「謂」作「渭」，論勇篇「谿無交兵」之「谿」作「貉」，論鄒篇「大道之遥」之「遥」作「逕」，申韓篇「論骨以輔」之「骨」作「胥」、「輔」作「鋪」。此類率多爲涂本之誤，而千里據諸本徑改者，考證亦未提及，似乎違背「不校校之」之主張。實則千里校書，乃欲復「文本」之舊，而段懋堂則直欲還「書」之真。文本有異，自當各歸其是，初不必以一本貫之而强此就彼，然則千里「不校校之」之説，原非墨守舊槧之謂也。

由於張本是覆刊涂本，並加以精校精刻，故面世即爲學人所重，影響至廣。光緒十七年（一八九一）王先謙刊思賢講舍匯校本，即以張本爲底本，集前人大成的王利器鹽鐵論校注亦然。自張本出者，有民國六年（一九一七）鄭堯臣龍谿精舍重刻本、民國十一年（一九二二）古書流通處古書叢刊影印本。張本書版孫星衍曾借以刷印，收入岱南閣叢書。其後悉歸浦江周心如，收入紛欣閣叢書，未久便毁於兵燹，所以張本原刻與涂本一樣，也頗爲罕覯。

張本之價值既如此重要，建國以來却未見影印者，不能不引爲憾事。師顧堂叢書以「師顧」爲宗旨，收録此書尤理所應當。今借上海圖書館藏張本原刻編印付梓，其原缺之考證第廿一、廿五至廿七葉則據國家圖書館藏本補齊，庶幾稍慰我輩傾慕先賢之心，對於讀者朋友長久的等待與支持，也在此一併表示深深的感謝。

目録

都穆序……三
涂禎序……四
原書目録……五

卷一

本議第一……一
力耕第二……一八
通有第三……二三
錯幣第四……二八
禁耕第五……三三
復古第六……三六

卷二

非鞅第七……四三
晁錯第八……五一
刺權第九……五三
刺復第十……五七
論儒第十一……六三
憂邊第十二……六八

卷三

園池第十三……七三
輕重第十四……七五
未通第十五……八〇

卷四

地廣第十六……八九
貧富第十七……九四
毀學第十八……九九

褒賢第十九……一〇四

卷五

相刺第二十……一一一
殊路第二十一……一一八
訟賢第二十二……一二三
遵道第二十三……一二五
論誹第二十四……一二九
孝養第二十五……一三四
刺議第二十六……一三八
利議第二十七……一四〇
國病第二十八……一四四

卷六

散不足第二十九……一五一
救匱第三十……一六五
鹽鐵箴石第三十一……一六八
除狹第三十二……一六九
疾貪第三十三……一七二
後刑第三十四……一七四
授時第三十五……一七六
水旱第三十六……一七九

卷七

崇禮第三十七……一八五
備胡第三十八……一八八
執務第三十九……一九三
能言第四十……一九七
鹽鐵取下第四十一……一九八
擊之第四十二……二〇二

卷八

結和第四十三……二〇五
誅秦第四十四……二〇九
伐功第四十五……二一三
西域第四十六……二一五
世務第四十七……二一九
和親第四十八……二二三

卷九

繇役第四十九……二二七
險固第五十……二三〇
論勇第五十一……二三四
論功第五十二……二三七
論鄒第五十三……二四三
論菑第五十四……二四四

卷十

刑德第五十五……二五一
申韓第五十六……二五七
周秦第五十七……二六二
詔聖第五十八……二六七
大論第五十九……二七二
雜論第六十……二七六
重刻鹽鐵論并考證序……二七九
鹽鐵論考證……二八一
鹽鐵論考證後序……三三五

鹽鐵論十卷

附考證一卷

鹽鐵論十卷凡六十篇漢廬江太守丞汝南桓寬次公撰按鹽鐵之議起昭帝之始元中詔問賢良文學皆對願罷郡國鹽鐵與御史大夫桑弘羊相詰難而鹽鐵卒不果罷至宣帝時寬推衍增廣成一家言其書在宋嘗有板刻歷歲既久寖以失傳人亦少有知者新淦涂君知江陰之明年令行禁止百廢俱興新民之暇手校是書仍捐俸刻之使學者獲見古人文字之全而其究治亂抑貨利以裨國家之政者蓋不但可行之當時而又可施之後世此則涂君刻書之意也涂君名禎字賓賢予同年進士吳郡都穆

禎游學宮時得漢廬江太守丞汝南桓寬次公所著
鹽鐵論讀之愛其辭博其論覈可以施之天下國家
非空言也惜所鈔紙墨歲久漫漶或不能句有遺恨
焉迺者江陰始得宋嘉泰壬戌刻本於薦紳家如獲
拱璧因命工刻梓嘉與四方大夫士共之弘治辛酉
十月朔日新淦涂禎識

鹽鐵論目録

卷一

本議第一　力耕第二
通有第三　錯幣第四
禁耕第五　復古第六

卷二

非鞅第七　晁錯第八
刺權第九　刺復第十
論儒第十一　憂邊第十二

卷三

園池第十三　輕重第十四
未通第十五
卷四
地廣第十六　貧富第十七
毀學第十八　褒賢第十九
卷五
相刺第二十　殊路第二十一
頌賢第二十二　遵道第二十三
論誹第二十四　孝養第二十五
刺議第二十六　利議第二十七

國疾第二十八

卷六

散不足第二十九　救匱第三十
鹽鐵箴石第三十一　除狹第三十二
疾貪第三十三　後刑第三十四
授時第三十五　水旱第三十六

卷七

崇禮第三十七　備胡第三十八
執務第三十九　能言第四十
鹽鐵取下第四十一　擊之第四十二

卷八
結和第四十三　誅秦第四十四
伐功第四十五　西域第四十六
世務第四十七　和親第四十八
卷九
繇役第四十九　險固第五十
論勇第五十一　論功第五十二
論鄒第五十三　論菑第五十四
卷十
刑德第五十五　申韓第五十六

周秦第五十七　諸聖第五十八
大論第五十九　雜論第六十

鹽鐵論目録終

江寧顧虹川刻字

鹽鐵論卷第一

漢桓寬撰

本議第一　力耕第二　通有第三
錯幣第四　禁耕第五　復古第六

本議第一

惟始元六年有詔書使丞相御史與所舉賢良文學語問民間所疾苦文學對曰竊聞治人之道防淫佚之原廣道德之端抑末利而開仁義毋示以利然後教化可興而風俗可移也今郡國有鹽鐵酒榷均輸與民爭利散敦厚之樸成貪鄙之化是以百姓就本

者寡趨末者衆夫文繁則質衰末盛則本虧末修則
民淫本修則民慤民慤則財用足民侈則飢寒生願
罷鹽鐵酒榷均輸所以進本退末廣利農業便也大
夫曰匈奴背叛不臣數爲寇暴於邊鄙備之則勞中
國之士不備則侵盜不止先帝哀邊人之久患苦爲
虜所係獲也故修障塞飭烽燧屯戍以備之邊用度
不足故興鹽鐵設酒榷置均輸蕃貨長財以佐助邊
費今議者欲罷之內空府庫之藏外乏執備之用使
備塞乘城之士飢寒於邊將何以贍之罷之不便也
文學曰孔子曰有國有家者不患寡而患不均不患

貧而患不安故天子不言多少諸侯不言利害大夫不言得喪畜仁義以風之廣德行以懷之是以近者親附而遠者悅服故善克者不戰善戰者不師善師者不陣修之於廟堂而折衝還師王者行仁政無敵於天下惡用費哉大夫曰匈奴桀黠擅恣入塞犯厲中國殺伐郡縣朔方都尉甚悖逆不軌宜誅討之日久矣陛下垂大惠哀元元之未贍不忍暴士大夫於原野縱然被堅執銳有北面復匈奴之志又欲罷鹽鐵均輸憂邊用損武畧無憂邊之心於其義未便也文學曰古者貴以德而賤用兵孔子曰遠人不服則

修文德以來之既來之則安之今廢道德而任兵革興師而伐之屯戍而備之暴兵露師以支久長轉輸糧食無已使邊境之士飢寒於外百姓勞苦於內立鹽鐵始張利官以給之非長策也故以罷之爲便也

大夫曰古之立國家者開本末之途通有無之用市朝以一其求致士民聚萬貨農商工師各得所欲交易而退易曰通其變使民不倦故工不出則農用乖商不出則寶貨絕農用乏則穀不殖寶貨絕則財用匱故鹽鐵均輸所以通委財而調緩急罷之不便也

文學曰夫導民以德則民歸厚示民以利則民俗薄

俗薄則背義而趨利趨利則百姓交於道而接於市老子曰貧國若有餘非多財也嗜慾衆而民躁也是以王者崇本退末以禮義防民欲實菽粟貨財市商不通無用之物工不作無用之器故商所以通鬱滯工所以備器械非治國之本務也大夫曰管子云國有沃野之饒而民不足於食者器械不備也有山海之貨而民不足於財者商工不備也隴蜀之丹漆旄羽荊揚之皮革骨象江南之枏梓竹箭燕齊之魚鹽旃裘兖豫之漆絲絺紵養生送終之具也待商而通待工而成故聖人作爲舟檝之用以通川谷服牛駕

馬以達陵陸致遠窮深所以交庶物而便百姓是以
先帝建鐵官以贍農用開均輸以足民財鹽鐵均輸
萬民所戴仰而取給者罷之不便也文學曰國有沃
野之饒而民不足於食者工商盛而本業荒也有山
海之貨而民不足於財者不務民用而淫巧衆也故
川源不能實漏卮山海不能贍溪壑是以盤庚萃居
舜藏黃金高帝禁商賈不得仕宦所以遏貪鄙之俗
而醇至誠之風也排困市井防塞利門而民猶爲非
也況上之爲利乎傳曰諸侯好利則大夫鄙大夫鄙
則士貪士貪則庶人盜是開利孔爲民罪梯也大夫

曰往者郡國諸侯各以其物貢輸往來煩雜物多苦惡或不償其費故郡置輸官以相給運而便遠方之貢故曰均輸開委府于京以籠貨物賤即買貴則賣是以縣官不失實商賈無所貿利故曰平準平準則民不失職均輸則民齊勞逸故平準均輸所以平萬物而便百姓非開利孔爲民罪梯者也文學曰古者之賦稅於民也因其所工不求所拙農人納其獲女工効其功今釋其所有責其所無百姓賤賣貨物以便上求間者郡國或令民作布絮吏留難與之爲市吏之所入非獨齊陶之縑蜀漢之布也亦民間之所

爲耳行姦賣平農民重苦女工再稅未見輸之均也縣官猥發闔門擅市則萬物並收萬物並收則物騰躍騰躍則商賈侔利自市則吏容姦豪而富商積貨儲物以待其急輕賈姦吏收賤以取貴未見準之平也盖古之均輸所以齊勞逸而便貢輸非以爲利而賈萬物也

力耕第二

大夫曰王者塞天財禁關市執準守時以輕重御民豐年歲登則儲積以備乏絶凶年惡歲則行幣物流有餘而調不足也昔禹水湯旱百姓匱乏或相假以

接衣食禹以歷山之金湯以嚴山之銅鑄幣以贈其民而天下稱仁往者財用不足戰士或不得祿而山東被災齊趙大飢賴均輸之畜倉廩之積戰士以奉飢民以賑故均輸之物府庫之財非所以賈萬民而專奉兵師之用亦所以賑困乏而備水旱之災也文學曰古者十一而稅澤梁以時入而無禁黎民咸被南畝而不失其務故三年耕而餘一年之蓄九年耕有三年之蓄此禹湯所以備水旱而安百姓也草萊不闢田疇不治雖擅山海之財通百味之利猶不能贍也是以古者尚力務本而種樹繁躬耕趣時而衣

食足雖累凶年而人不病也故衣食者民之本稼穡者民之務也二者修則國富而民安也詩云百室盈止婦子寧止也大夫曰賢聖治家非一室富國非一道昔管仲以權譎霸而范氏以強大亡使治家養生必於農則舜不甄陶而伊尹不爲庖故善爲國者天下之下我高天下之輕我重以末易其本以虛蕩其實今山澤之財均輸之藏所以御輕重而役諸侯也汝漢之金纖微之貢所以誘外國而釣胡羌之寶也夫中國一端之縵得匈奴累金之物而損敵國之用是以驘驢馲駞銜尾入塞驒騱騵馬盡爲我畜鼲鼦

狐貉采旃文罽充於内府而璧玉珊瑚瑠璃咸爲國之寶是則外國之物内流而利不外泄也異物内流則國用饒利不外泄則民用給矣詩曰百室盈止婦子寧止文學曰古者商通物而不豫工致牢而不僞故君子耕稼田魚其實一也商則長詐工則飾罵内懷闚覦而心不怍是以薄夫欺而敦夫薄昔桀女樂充宮室文繡衣裳故伊尹高逝遊薄而女樂終廢其國今贏驢之用不中牛馬之功鼲貂旃罽不益錦綈之實美玉珊瑚出於昆山珠璣犀象出於桂林此距漢萬有餘里計耕桑之功資財之費是一物而售百

倍其價一也一揖而中萬鍾之粟也夫上好珍怪則
淫服下流貴遠方之物則貨財外充是以王者不珍
無用以節其民不愛其貨以富其國故理民之道在
於節用尚本分土井田而已大夫曰自京師東西南
北歷山川經郡國諸殷富大都無非街衢五通商賈
之所臻萬物之所殖者故聖人因天時智者因地財
上士取諸人中士勞其形長沮桀溺無百金之積蹠
蹻之徒無猗頓之富宛周齊魯商徧天下故乃萬賈
之富或累萬金追利乘羡之所致也富國何必用本
農足民何必井田也文學曰洪水滔天而有禹之績

河水泛濫而有宣房之功商紂暴虐而有孟津之謀天下煩擾而有秉羨之富夫上古至治民樸而貴本安愉而寡求當此之時道路罕行市朝生草故耕不強者無以充虛織不強者無以掩形雖有湊會之要陶室之術無所施其巧自古及今不施而得報不勞而有功者未之有也

通有第三

大夫曰燕之涿薊趙之邯鄲魏之温軹韓之滎陽齊之臨淄楚之宛丘鄭之陽翟三川之二周富冠海内皆爲天下名都非有助之耕其野而田其地者也居

五諸侯之衢跨街衝之路也故物豐者民衍宅近市者家富富在術數不在勞身利在勢居不在力耕也

文學曰荊陽南有桂林之饒內有江湖之利左陵陽之金右蜀漢之材伐木而樹穀燔萊而播粟火耕而水耨地廣而饒財然後鬻窳偷生好衣甘食雖白屋草廬歌謳鼓琴日給月單朝歌暮戚趙中山帶大河纂四通神衢當天下之蹊商賈錯於路諸侯交於道然民淫好末侈靡而不務本田疇不脩男女矜飾家無斗筲鳴琴在室是以楚趙之民均貧而寡富宋衛韓梁好本稼穡編戶齊民無不家衍人給故利在自

惜不在勢居街衢富在儉力趣時不在歲司羽鳩也

大夫曰五行東方木而丹章有金銅之山南方火而交趾有大海之川西方金而蜀隴有名材之林北方水而幽都有積沙之地此天地所以均有無而通萬物也今吳越之竹隋唐之材不可勝用而曹衛梁宋采棺轉尸江湖之魚萊黃之鮐不可勝食而鄒魯周韓藜藿蔬食天地之利無不贍而山海之貨無不富也然百姓匱乏之財用不足多寡不調而天下財不散也

文學曰古者采椽不斲茅屋不翦衣布褐飯土硎鑄金爲鉏埏埴爲器工不造奇巧世不寶不可衣食

之物各安其居樂其俗甘其食便其器是以遠方之物不交而昆山之玉不至今世俗壞而競於淫靡女極纖微工極技巧雕素樸而尚珍怪鑽山石而求金銀沒深淵求珠璣設機陷求犀象張網羅求翡翠求蠻貊之物以眩中國徙邛筰之貨致之東海交萬里之財曠日費功無益於用是以褐夫匹婦勞罷力屈而衣食不足也故王者禁溢利節漏費溢利禁則反本漏費節則民用給是以生無乏資死無轉尸也大夫曰古者宮室有度輿服以庸采椽茅茨非先王之制也君子節奢刺儉儉則固昔孫叔敖相楚妻不衣

帛馬不秣粟孔子曰不可大儉極下此蟋蟀所爲作也管子曰不飾宮室則材木不可勝用不充庖廚則禽獸不損其壽無味利則本業所出無黼黻則女工不施故工商梓匠邦國之用器械之備也自古有之非獨於此弦高飯牛於周五羖賃車入秦公輸子以規矩歐冶以鎔鑄語曰百工居肆以致其事農商交易以利本末山居澤處蓬蒿墝埆財物流通有以均之是以多者不獨衍少者不獨饉若各居其處食其食則是橘柚不鬻朐鹵之鹽不出旃罽不市而吳唐之材不用也文學曰孟子云不違農時穀不可勝食

蠶麻以時布帛不可勝衣也斧斤以時入材木不可勝用田漁以時魚肉不可勝食若則飾宮室增臺榭梓匠斲巨爲小以圓爲方上成雲氣下成山林則材木不足用也男子去本爲末雖雕文刻鏤以象禽獸窮物究變則穀不足食也婦女飾微治細以成文章極伎盡巧則絲布不足衣也庖宰烹殺胎卵煎炙齊和窮極五味則魚肉不足食也當今世非患禽獸不損材木不勝患僭侈之無窮也非患無旃罽橘柚患無狹廬糠糟也

錯幣第四

大夫曰交幣通施民事不及物有所并也計本量委民有飢者穀有所藏也智者有百人之功愚者不更本之事人君不調民有相妨之富也此其所以或儲百年之餘或不厭糟糠也民大富則不可以祿使也大彊則不可以威罰也非散聚均利者不齊故人主積其食守其用制其有餘調其不足禁溢羨厄利塗然後百姓可家給人足也文學曰古者貴德而賤利重義而輕財三王之時迭盛迭衰衰則扶之傾則定之是以夏忠殷敬周文庠序之教恭讓之禮粲然可得而觀也及其後禮義弛崩風俗滅息故自食祿之

君子違於義而競於財大小相吞激轉相傾此所以或儲百年之餘或無以充虛蔽形也古之仕者不穡田者不漁抱關擊柝皆有常秩不得兼利盡物如此則愚智同功不相傾也詩云彼有遺秉此有滯穗伊寡婦之利言不盡物也大夫曰湯文繼衰漢興乘弊一質一文非苟易常也俗弊家法非務變古也亦所以救失扶衰也故教與俗改弊與世易夏后以玄貝周人以紫石後世或金錢刀布物極而衰終始之運也故山澤無征則君臣同利刀幣無禁則姦貞並行夫臣富相侈下專利則相傾也文學曰古者市朝而

無刀幣各以其所有易無抱布貿絲而已後世即有
龜貝金錢交施之也幣數變而民滋僞夫救僞以質
防失以禮湯文繼衰革法易化而殷周道興漢初乘
弊而不改易畜利變幣欲以反本是猶以煎止燔以
火止沸也上好禮則民闇飾上好貨則下死利也大
夫曰文帝之時縱民得鑄錢冶鐵煮鹽吳王擅鄣海
澤鄧通專西山山東姧猾咸聚吳國秦雍漢蜀因鄧
氏吳鄧錢布天下故有鑄錢之禁禁禦之法立而姧
僞息姧僞息則民不期於妄得而各務其職不反本
何爲故統一則民不二也幣由上則下不疑也文學

曰往古幣衆財通而民樂其後稍去舊幣更行白金龜龍民多巧新幣幣數易而民益疑於是廢天下諸錢而專命水衡三官作吏近侵利或不中式故有薄厚輕重農人不習物類比之信故疑新不知姦真商賈以美貿惡以半易倍買則失實賣則失理其疑或滋益甚夫鑄僞金錢以有法而錢之善惡無增損於政擇錢則物稽滯而用人尤被其苦春秋曰算不及蠻夷則不行故王者外不鄣海澤以便民用內不禁刀幣以通民施

禁耕第五

大夫曰家人有寶器尚函匣而藏之況人主之山海乎夫權利之處必在深山窮澤之中非豪民不能通其利異時鹽鐵未籠布衣有朐邴朐邴人吳王皆鹽鐵初議也君有吳王專山澤之饒薄賦其民賑贍窮小以成私威私威積而逆節之心作夫不蚤絕其源而憂其末若決呂梁沛然其所傷必多矣太公曰一家害百家百家害諸侯諸侯害天下王法禁之令放民於權利罷鹽鐵以資暴彊遂其貪心衆邪羣聚私門成黨則強禦日以不制而并兼之徒姦形成也文學曰民人藏於家諸侯藏於國天子藏於海內故民

人以垣墻爲藏閉天子以四海爲匣匱天子適諸侯
升自阼階諸侯納管鍵執策而聽命示莫爲主也是
以王者不畜聚下藏於民遠浮利務民之義義禮立
則民化上若是雖湯武生存於世無所容其慮工商
之事歐治之任何姦之能成三桓專魯六卿分晉不
以鹽鐵故權利深者不在山海在朝廷一家害百家
在蕭墻而不在朐邴也大夫曰山海有禁而民不傾
貴賤有平而民不疑縣官設衡立準人從所欲雖使
五尺童子適市莫之能欺今罷去之則豪民擅其用
而專其利決市閭巷高下在口吻貴賤無常端坐而

民豪是以養強抑弱而藏於跖也彊養弱抑則齊民消若衆穢之盛而害五穀一家害百家不在胸邴如何也文學曰山海者財用之寶也鐵器者農夫之死生也死生用則仇讎滅仇讎滅則田野闢田野闢而五穀熟寶路開則百姓贍而民用給民用給則國富國富而教之以禮則行道有讓而工商不相豫人懷敦樸以自相接而莫相利夫秦楚燕齊士力不同剛柔異勢巨小之用居局之宜黨殊俗易各有所便縣官籠而一之則鐵器失其宜而農民失其便器用不便則農夫罷於壄而草萊不辟草萊不辟則民困乏

故鹽冶之處大傲皆依山川近鐵炭其勢咸遠而作劇郡中卒踐更者多不勘責取庸代縣邑或以户口賦鐵而賤平其準良家以道次發僦運鹽鐵煩費邑或以户百姓病苦之愚竊見一官之傷千里未覩其在朐邴也

復古第六

大夫曰故扇水都尉彭祖寧歸言鹽鐵令品令品甚明卒徒衣食縣官作鑄鐵器給用甚衆無妨於民而吏或不良禁令不行故民煩苦之令意總一鹽鐵非獨爲利入也將以建本抑末離朋黨禁滛侈絕幷兼

之路也古者名山大澤不以封爲下之專利也山海之利廣澤之畜天下之藏也皆宜屬少府陛下不私以屬大司農以佐助百姓浮食豪民好欲擅山海之貨以致富業役利細民故沮事議者衆鐵器兵刃天下之大用也非衆庶所宜事也往者豪強大家得管山海之利采鐵石鼓鑄煮鹽一家聚衆或至千餘人大抵盡收放流人民也遠去鄉里棄墳墓依倚大家聚深山窮澤之中成姦僞之業遂朋黨之權其輕爲非亦大矣今自廣進賢之途練擇守尉不待去鹽鐵而安民也文學曰扇水都尉所言當時之利權一切

之術也不可以久行而傳世此非明王所以君國子民之道也詩云哀哉爲猶匪先民是程匪大猶是經維邇言是聽此詩人刺不通於王道而善爲權利者孝武皇帝攘九夷平百越師旅數起糧食不足故立田官置錢入穀射官救急贍不給今陛下繼大功之勤養勞勸之民此用糜鬻之時公卿宜思所以安集百姓致利除害輔明主以仁義修潤洪業之道明主即位以來六年于茲公卿無請減除不急之官省罷機利之人人權縣太久民良望於上陛下宣聖德昭明光令郡國賢良文學之士乘傳詣公車議五帝三

王之道六藝之風冊陳安危利害之分指意粲然今公卿辨議未有所定此所謂守小節而遺大體抱小利而忘大利者也大夫曰宇宙之內鷰雀不知天地之高也坎井之鼃不知江海之大窮夫否婦不知國家之慮負荷之商不知猗頓之富先帝計外國之利料胡越之兵兵敵弱而易制用力少而功大故因勢變以主四夷地濱山海以屬長城北略河外開路匈奴之鄉功未卒善文王受命伐崇作邑于豐武王繼之載尸以行破商擒紂遂成王業曹沫棄三北之恥而復侵地管仲負當世之累而立霸功故志大者遺

小用權者離俗有司思師望之計遂先帝之業志在絶胡貉擒單于故未遑扣扃之義而録拘儒之論文學曰鷰雀離巢宇而有鷹隼之憂坎井之鼃離其居而有蛇鼠之患況翱翔千仞而游四海乎其禍必大矣此李斯之所以折翼而趙高没淵也聞文武受命伐不義以安諸侯大夫未聞弊諸夏以役夷狄也昔秦常舉天下之力以事胡越竭天下之財以奉其用然衆不能畢而以百萬之師爲一夫之任此天下共聞也且數戰則民勞久師則兵弊此百姓所疾苦而拘儒之所憂也

鹽鐵論卷第一

嘉慶十二年依明宏治翻宋嘉泰本刊行

鹽鐵論卷第二

非鞅第七　晁錯第八　刺權第九
刺復第十　論儒第十一　憂邊第十二

非鞅第七

大夫曰昔商君相秦也内立法度嚴刑罰飭政教姦僞無所容外設百倍之利收山澤之稅國富民強器械完飾蓄積有餘是以征敵伐國攘地斥境不賦百姓而師以贍故用不竭而民不知地盡西河而民不苦鹽鐵之利所以佐百姓之急足軍旅之費務蓄積以備乏絶所給甚衆有益於國無害於人百姓何苦

爾而文學何憂也文學曰蓋文帝之時無鹽鐵之利而民富今有之而百姓困乏未見利之所利也而見其害也且利不從天來不從地出一取之民間謂之百倍此計之失者也無異於愚人反裘而負薪愛其毛不知其皮盡也夫李梅實多者來年爲之衰新穀熟者舊穀爲之虧自天地不能兩盈而況於人事乎故利於彼者必耗於此猶陰陽之不並曜晝夜之有長短也商鞅峭法長利秦人不聊生相與哭孝公吳起長兵攻取楚人搔動相與泣悼王其後楚日以危秦日以弱故利蓄而怨積地廣而禍搆惡在利用不

竭而民不知地盡西河而人不苦也今商鞅之册任於内吴起之兵用於外行者勤於路居者匱於室老母號泣怨女歎息文學雖欲無憂其可得也大夫曰秦任商君國以富強其後卒并六國而成帝業及二世之時邪臣擅斷公道不行諸侯叛弛宗廟隳亡春秋曰未言介祭仲亡也夫善歌者使人續其聲善作者使人紹其功推車之蟬攫負子之教也周道之成周公之力也雖有裨諶之草創無子産之潤色有文武之規矩而無周吕之鑿枘則功業不成今以趙高之亡秦而非商鞅猶以崇虎亂殷而非伊尹也文學

曰善鑿者建周而不疲善基者致高而不蹷伊尹以
堯舜之道爲殷國基子孫紹位百代不絕商鞅以重
刑峭法爲秦國基故二世而奪刑既嚴峻矣又作爲
相坐之法造誹謗增肉刑百姓齋栗不知所措手足
也賦歛既煩數矣又外禁山澤之原內設百倍之利
民無所開說容言崇利而簡義高力而尚功非不廣
壤進地也然猶人之病水益水而疾深知其爲秦開
帝業不知其爲秦致亡道也狐剌之鑿雖公輸子不
能善其枘畚土之基雖良匠不能成其高譬若秋蓬
被霜遭風則零落雖有十子產如之何故扁鵲不能

肉白骨微箕不能存亡國也大夫曰言之非難行之爲難故賢者處實而效功亦非徒陳空文而已昔商君明於開塞之術假當世之權爲秦致利成業是以戰勝攻取并近滅遠乘燕趙陵齊楚諸侯斂袵西面而向風其後蒙恬征胡斥地千里踰之河北若壞朽折腐何者商君之遺謀備飾素循也故舉而有利動而有功夫蓄積籌策國家之所以強也故弛廢而歸之民未覩巨計而涉大道也文學曰商鞅之開塞非不行也蒙恬却胡千里非無功也威震天下非不強也諸侯隨風西面非不從也然而皆秦之所以亡也

商鞅以權數危秦國蒙恬以得千里亡秦社稷此二子者知利而不知害知進而不知退故果身死而衆敗此所謂戀朐之智而愚人之計也夫何大道之有故曰小人先合而後忤初雖乘馬卒必泣血此之謂也大夫曰淑好之人戚施之所妬也賢知之士闒茸之所惡也是以上官大夫短屈原於頃襄公伯寮愬子路於季孫夫商君起布衣自魏入秦期年而相之革法明教而秦人大治故兵動而割地兵休而國富孝公大説封之於商安之地方五百里功如丘山名傳後世世人不能爲是以相與嫉其能而疵其功也

文學曰君子進必以道退不失義高而勿矜勞而不伐位尊而行恭功大而理順故俗不疾其能而世不妬其業今商鞅棄道而用權廢德而任力峭法盛刑以虐戾爲俗欺舊交以爲功刑公族以立威無恩於百姓無信於諸侯人與之爲怨家與之爲讐雖以獲功見封猶食毒肉愉飽而罹其咎也蘇秦合縱連横統理六國業非不大也桀紂與堯舜並稱至今不亡名非不長也然非者不足貴故事不苟多名不苟傳也大夫曰縞素不能自分於緇墨賢聖不能自理於亂世是以箕子執因比干被刑伍員相闔閭以霸夫

差不道流而殺之樂毅信功於燕昭而見疑於惠王人臣盡節以徇名遭世主之不用大夫種輔翼越王爲之深謀卒擒強吴據有東夷終賜屬鏤而死驕主背恩德聽流說不計其功故也豈身之罪哉文學曰比干剖心子胥鴟夷非輕犯君以危身強諫以干名也憯怛之忠誠心動於内忘患之禍發於外志在匡君救民故身死而不怨君子能行是不能禦非雖在刑戮之中非其罪也是以比干死而殷人怨子胥死而吴人恨令秦怨毒商鞅之法甚於私仇故孝公卒之日舉國而攻之東西南北莫可奔走仰天而歎曰

嗟乎爲政之弊至於斯極也卒車裂族夷爲天下笑斯人自殺非人殺之也

晁錯第八

大夫曰春秋之法君親無將將而必誅故臣罪莫重於弒君子罪莫重於弒父日者淮南衡山修文學招四方遊士山東儒墨咸聚於江淮之間講議集論著書數十篇然卒於背義不臣謀叛逆誅及宗族使晁錯變法易常不用制度迫蹙宗族侵削諸侯蕃臣不附骨肉不親吴楚積怨斬錯東市以慰三軍之士而謝諸侯斯亦誰殺之乎文學曰孔子不飲盜泉之流

曾子不入勝母之閭名且惡之而況爲不臣不子乎是以孔子沐浴而朝告之哀公陳文子有馬十乘棄而違之傳曰君子可貴可賤可刑可殺而不可使爲亂若夫外飾其貌而內無其實口誦其文而行不猶其道是盜固與盜而不容於君子之域春秋不以寡犯衆誅絕之義有所止不兼怨惡也故舜之誅誅鯀其舉舉禹夫以璵璠之玼而棄其璞以一人之罪而兼其衆則天下無美寶信士也晁生言諸侯之地大富則驕奢急即合從故因吳之過而削之會稽因楚之罪而奪之東海所以均輕重分其權而爲萬世慮

也弦高誕於秦而信於鄭晁生忠於漢而讎於諸侯
人臣各死其主爲其國用此解楊之所以厚於晉而
薄於荊也

刺權第九

大夫曰今夫越之具區楚之雲夢宋之鉅野齊之孟
諸有國之富而霸王之資也人君統而守之則強不
禁則亡齊以其腸胃予人家強而不制枝大而折榦
以專巨海之富而擅魚鹽之利也勢足以使衆恩足
以卹下是以齊國內倍而外附權移於臣政墜於家
公室卑而田宗強轉轂游海者蓋三千乘失之於本

而末不可救令山川海澤之原非獨雲夢孟諸也鼓金煮鹽其勢必深居幽谷而人民所罕至姦猾交通山海之際恐生大姦乘利驕溢敦樸滋僞則人之貴本者寡大農鹽鐵丞咸陽孔僅等上請願募民自給費因縣官器煮鹽予用以杜浮僞之路由此觀之令意所禁微有司之慮亦遠矣文學曰有司之慮遠而權家之利近令意所禁微有僭奢之道著自利害之設三業之起貴人之家雲行於塗轂擊於道攘公法申私利跨山澤擅官市非特巨海魚鹽也執國家之柄以行海内非特田常之勢陪臣之權也威重於六

卿富累於陶衛輿服僭於王公宮室溢於制度并兼列宅隔絶閭巷閣道錯連足以游觀鑿池曲道足以騁騖臨淵釣魚放犬走兔隆豺鼎力蹋鞠鬬雞中山素女撫流徵於堂上鳴鼓巴俞作於堂下婦女被羅紈婢妾曳絺紵子孫連車列騎田獵出入畢弋捷健是以耕者釋耒而不勤百姓冰釋而懈怠何者己爲之而彼取之僭侈相効上升而不息此百姓所以滋僞而罕歸本也大夫曰官尊者禄厚本美者枝茂故文王德而子孫封周公相而伯禽富水廣者魚大父尊者子貴傳曰河海潤千里盛德及四海況之妻子

乎故夫貴於朝妻貴於室富曰苟羨古之道也孟子曰王者與人同而如彼者居使然也居居編户之列而望卿相之子孫是以跛夫之欲及樓季也無錢而欲千金之寶不亦虛望哉文學曰禹稷自布衣思天下有不得其所者若己推而納之溝中故起而佐堯平治水土教民稼穡其自任天下如此其重也豈云食祿以養妻子而已乎夫食萬人之力者蒙其憂任其勞一人失職一官不治皆公卿之累也故君子之仕行其義非樂其勢也受祿以潤賢非私其利見賢不隱食祿不專此公叔之所以爲文魏成子所以爲賢

也故周德成而後封子孫不以爲黨周公功成而後受封天下不以爲貪今則不然親戚相推朋黨相舉父尊於位子溢於内夫貴於朝妻謁行於外無周公之德而有其富無管仲之功而有其侈故編戸跛夫而望疾步也

刺復第十

大夫曰爲色矜而心不懌曰但居者不知負載之勞從旁議者與當局者異憂方今爲天下腹居郡諸侯並臻中外未然心憧憧若涉大川遭風而未薄是以夙夜思念國家之用寢而忘寐飢而忘食計數不離

於前萬事簡閱於心丞史器小不足與謀獨鬱大道思覩文學若俟周邵而望子高御史案事郡國察廉舉賢才歲不乏也今賢良文學臻者六十餘人懷六藝之術騁意極論宜若開光發蒙信往而乖於今道古而不合於世務意者不足以知士也將多飾文誣能以亂實邪何賢士之難覩也自千乘倪寬以治尚書位冠九卿及所聞覩選舉之士擢升贊憲甚顯然未見絕倫比而爲縣官興滯立功也文學曰輸子之制材木也正其規矩而鑿枘調師曠之諧五音也正其六律而宮商調當世之工匠不能調其鑿枘則改

規矩不能恊聲音則變舊律是以鑿枘剌戾而不合聲音泛越而不和夫舉規矩而知宜吹律而知變上也因循而不作以俟其人次也是以曹丞相日飲醇酒倪大夫閉口不言故治大者不可以煩煩則亂治小者不可怠怠則廢春秋曰其政恢卓恢卓可以爲卿相其政察察察察可以爲匹夫夫維綱不張禮義不行公卿之憂也案上之文期會之事丞史之任也尚書曰俊乂在官百僚師師百工惟時庶尹允諧言官得其人人任其事故官治而不亂事起而不廢士守其職大夫理其位公卿總要執凡而已故任能者

責成而不勞任己者事廢而無功桓公之於管仲耳而目之故君子勞於求賢逸於用之豈云殆哉昔周公之相也謙卑而不鄰以勞天下之士是以俊乂滿朝賢智充門孔子無爵位以布衣從才士七十有餘人皆諸侯卿相之人也況處三公之尊以養天下之士哉今以公卿之上位爵祿之美而不能致士則未有進賢之道堯之舉舜也賓而妻之桓公舉管仲也賓而師之以天子而妻匹夫可謂親賢矣以諸侯之師匹夫可謂敬賓矣是以賢者從之若流歸之不疑今當世在位者既無燕昭之下士鹿鳴之樂賢而行

臧文子叔之意蔽賢妬能自高其智訾人之才足已而不問卑士而不友以位尚賢以祿驕士而求士之用亦難矣大夫繆然不言蓋賢良長歎息焉御史進曰太公相文武以王天下管仲相桓公以霸諸侯故賢者得位猶龍得水騰蛇游霧也公孫丞相以春秋說先帝遽即三公處周邵之列據萬里之勢爲天下準繩衣不重彩食不兼味以先天下而無益於治博士褚泰徐偃等承明詔建節馳傳巡省郡國舉孝廉勸元元而流俗不改招舉賢良方正文學之士超遷官爵或至卿大夫非燕昭之薦士文王之廣賢也然

而未覩功業所成殆非龍虵之才而鹿鳴之所樂賢也文學曰氷炭不同器日月不並明當公孫弘之時人主方設謀垂意於四夷故權譎之謀進荆楚之士用將帥或至封侯食邑而勉獲者咸蒙厚賞是以奮擊之士由此興其後干戈不休軍旅相望甲士糜弊縣官用不足故設險興利之臣起磻溪熊羆之士隱涇淮造渠以通漕運東郭偃孔僅建鹽鐵策諸利富者買爵販官免刑除罪公用彌多而爲者徇私上下無求百姓不堪抗弊而從法故憯急之臣進而見知廢格之法起杜周咸宣之屬以峻文决理貴而王温

舒之徒以鷹隼擊殺顯其欲據仁義以道事君者寡偷合取容者衆獨以一公孫弘如之何

論儒第十一

御史曰文學祖述仲尼稱誦其德以爲自古及今未之有也然孔子脩道魯衛之間教化洙泗之上弟子不爲變當世不爲治魯國之削滋甚齊宣王褒儒尊學孟軻淳于髡之徒受上大夫之祿不任職而論國事蓋齊稷下先生千有餘人當此之時非一公孫弘也弱燕攻齊長驅至臨淄湣王遁逃死於莒而不能救王建禽於秦與之俱虜而不能存若此儒者之安

國尊君未始有効也文學曰無鞭策雖造父不能調
駟馬無世位雖舜禹不能治萬民孔子曰鳳鳥不至
河不出圖吾已矣夫故軺車良馬無以馳之聖德仁
義無所施之齊宣之時不顯賢進士國家富強威行
敵國及湣王奮二世之餘烈南舉楚淮北并巨宋苞
十二國西摧三晉卻彊秦五國賓從鄒魯之君泗上
諸侯皆入臣矜功不休百姓不堪諸儒諫不從各分
散愼到捷子亡去田駢如薛而孫卿適楚內無良臣
故諸侯合謀而伐之王建聽流說信反間用后勝之
計不與諸侯從親以亡國爲秦所禽不亦宜乎御史

曰伊尹以割烹事湯百里以飯牛要穆公始爲苟合
信然與之霸王如此何言不從何道不行故商君以
王道説孝公不用即以彊國之道卒以就功鄒子以
儒術干世主不用即以變化始終之論卒以顯名故
馬效千里不必胡代士貴成功不必文辭孟軻守舊
術不知世務故困於梁宋孔子能方不能圓故飢于
黎丘今晚世之儒勤德時有乏匱言以爲非困此不
行自周室以來千有餘歲獨有文武成康如言必參
一焉取所不能及而稱之猶躄者能言遠不能行也
聖人異塗同歸或行或止其趣一也商君雖革法改

教志存於彊國利民鄒子之作變化之術亦歸於仁義祭仲自貶損以行權時也故小枉大直君子爲之今硜硜然守一道引尾生之意即晉文之譎諸侯以尊周室不足道而管仲蒙恥辱以存亡不足稱也文學曰伊尹之干湯知聖主也百里之歸秦知明君也二君之能知霸王其册素形於己非暗而以冥冥決事也孔子曰名不正則言不順言不順則事不成如何其苟合而以成霸王也君子執德秉義而行故造次必於是顛沛必於是孟子曰居今之朝不易其俗而成千乘之勢不能一朝居也寧窮飢居於陋巷安

能變已而從俗化闔廬殺僚公子札去而之延陵終
身不入吳國魯公殺子赤叔肸退而隱處不食其禄
虧義得尊枉道取容効死不爲也聞正道不行釋事
而退未聞枉道以求容也御史曰論語親於其身爲
不善者君子不入也有是言而行不足從也季氏爲
無道逐其君奪其政而冉求仲由臣焉禮男女不授
不交爵孔子適衛因嬖臣彌子瑕以見衛夫人子路
不説子瑕佞臣也夫子因之非正也男女不交孔子
見南子非禮也禮義由孔氏且貶道以求容惡在其
釋事而退也文學曰天下不平庶國不寧明王之憂

也上無天子下無方伯天下煩亂賢聖之憂也是以堯憂洪水伊尹憂民管仲束縛孔子周流憂百姓之禍而欲安其危也是以負鼎俎囚拘匍匐以救之故追亡者趨拯溺者濡今民陷溝壑雖欲無濡豈得已哉御史默不對

憂邊第十二

大夫曰文學言天下不平庶國不寧明王之憂也故王者之於天下猶一室之中也有一人不得其所則謂之不樂故民流沉溺而弗救非惠君也國家有難而不憂非忠臣也夫守節死難者人臣之職也衣食

飢寒者慈父之道也今子弟遠於勞外人主爲之夙夜不寧群臣盡力畢議册滋國用故少府丞令請建酒榷以贍邊給戰士拯救民於難也爲人父兄者豈可以已乎内省衣食以邺在外者猶未足今又欲罷諸用減奉邊之費未可爲慈父賢兄也文學曰周之季末天子微弱諸侯力政故國君不安謀臣奔馳何者敵國衆而社稷危也今九州同域天下一統陛下優游巖廊覽群臣極言至内論雅頌外鳴和鑾純德粲然並於唐虞功烈流於子孫夫蠻貊之人不食之地何足以煩慮而有戰國之憂哉若陛下不棄加之

以德施之以惠北夷必内向款塞自至然後以爲胡制於外臣即匈奴没齒不食其所用矣大夫曰聖主思念中國之未寧北邊之未安故使廷尉評等問人間所疾苦拯卹貧賤周贍不足君臣所宣明王之德安宇内者未得其紀故問諸生諸生議不干天則入淵乃欲以閭里之治而況國家之大事亦不幾矣發於畎畝出於窮巷不知冰水之寒若醉而新寤殊不足與言也文學曰夫欲安民富國之道在於反本本立而道生順天之理因地之利即不勞而功成夫不修其源而事其流無本以統之雖竭精神盡思慮無

益於治欲安之適足以危之欲救之適足以敗之夫治亂之端在於本末而已不至勞其心而道可得也孔子曰不通於論者難於言治道不同者不相與謀今公卿意有所倚故文學之言不可用也大夫曰吾聞爲人臣者盡忠以順職爲人子者致孝以承業君有非則臣覆蓋之父有非則子匿逃之故君薨臣不變君之政父没則子不改父之道也春秋譏毀泉臺爲其隳先祖之所爲而揚君父之惡也今鹽鐵均輸所從來久矣而欲罷之得無害先帝之功而妨聖主之德乎有司倚於忠孝之路是道殊而不同於文學

之謀也文學曰明者因時而變知者隨世而制孔子曰麻冕禮也今也純儉吾從衆故聖人上賢不離古順俗而不偏宜魯定公序昭穆順祖禰昭公廢卿士以省事節用不可謂變祖之所爲而改父之道也二世充大阿房以崇緒趙高增累秦法以廣威而未可謂忠臣孝子也

鹽鐵論卷第二

鹽鐵論卷第三

園池第十三　輕重第十四　未通第十五

園池第十三

大夫曰諸侯以國爲家其憂在內天子以八極爲境其慮在外故宇小者用菲功巨者用大是以縣官開園池總山海致利以助貢賦脩溝渠立諸農廣田收盛苑囿太僕水衡少府大農歲課諸入田收之利池籞之假及北邊置任任田官以贍諸用而猶未足今欲罷之絶其原杜其流上下俱殫困乏之應也雖好省事節用如之何其可也文學曰古者制地足以養

民民足以承其上千乘之國百里之地公侯伯子男各充其求贍其欲秦兼萬國之地有四海之富而意不贍非宇小而用菲者欲多而下不堪其求也語曰廚有腐肉國有飢民廄有肥馬路有餧人今狗馬之養蟲獸之食豈特腐肉秣馬之費哉無用之官不急之作服淫侈之變無功而衣食縣官者衆是以上不足而下困乏也今不減除其本而欲贍其末設機利造田畜與百姓爭薦草與商賈爭市利非所以明主德而相國家也夫男耕女績天下之大業也故古者分地而處之利田畝而事之是以業無不食之地國

無乏作之民今縣官之多張苑囿公田池澤公家有鄣假之名而利歸權家三輔迫近於山河地狹人衆四方並臻粟米薪菜不能相贍公田轉假桑榆菜果不殖地力不盡愚以爲非先帝之開苑囿池籞可賦歸之於民縣官租稅而已假稅殊名其實一也夫如是匹夫之力盡於南畝匹婦之力盡於麻枲田野闢麻枲治則上下俱衍何困乏之有矣大夫默然視其丞相御史

輕重第十四

御史進曰昔太公封於營丘辟草萊而居焉地薄人

少於是通利末之道極女工之巧是以鄰國交於齊財畜貨殖世爲彊國管仲相桓公襲先君之業行輕重之變南服彊楚而霸諸侯今大夫各修太公桓管之術總一鹽鐵通山川之利而萬物殖是以縣官用饒足民不困乏本末並利上下俱足此籌計之所致非獨耕桑農業也文學曰禮義者國之基也而權利者政之殘也孔子曰能以禮讓爲國乎何有伊尹太公以百里興其君管仲專於桓公以千乘之齊而不能至於王其所務非也故功名隳壞而道不濟當此之時諸侯莫能以德而爭於公私故以權相傾今天

下合爲一家利末惡欲行淫巧惡欲施大夫君以心
計策國用構諸侯參以酒榷咸陽孔僅讚以鹽鐵江
充耕谷之等各以鋒銳言利末之事析秋毫可爲無
間矣非特管仲設九府徼山海也然而國家衰耗城
郭空虛故非崇仁義無以化民非力本農無以富邦
也御史曰水有猵獺而池魚勞國有強禦而齊民消
故茂林之下無豐草大塊之間無美苗夫理國之道
除穢鋤豪然後百姓均平各安其宇張廷尉論定律
令明法以繩天下誅姦猾絕并兼之徒而強不凌弱
衆不暴寡大夫各運籌策建國用籠天下鹽鐵諸利

以排富商大賈買官贖罪損有餘補不足以齊黎民是以兵革東西征伐賦斂不增而用足夫損益之事賢者所覩非衆人之所知也文學曰扁鵲撫息脉而知疾所由生陽氣盛則損之而調陰寒氣盛則損之而調陽是以氣脉調和而邪氣無所留矣夫拙醫不知脉理之腠血氣之分妄刺而無益於疾傷肌膚而已矣今欲損有餘補不足富者愈富貧者愈貧矣嚴法任刑欲以禁暴止姦而姦猶不止意者非扁鵲之用鍼石故衆人未得其職也御史曰周之建國也蓋千八百諸侯其後彊吞弱大兼小并爲六國六國連

兵結難數百年內拒敵國外攘四夷由此觀之兵甲不休戰伐不乏軍旅外奉倉庫內實今以天下之富海內之財百郡之貢非特齊楚之畜趙魏之庫也計委量入雖急用之宜無乏絶之時顧大農等以術體躬稼則后稷之烈軍四出而用不繼非天之財少也用鍼石調均有無補不足亦非也上大夫君與治粟都尉管領大農事灸刺稽滯開利百脉是以萬物流通而縣官富實當此之時四方征暴亂車甲之費克獲之賞以億萬計皆贍大司農此皆扁鵲之力而鹽鐵之福也文學曰邊郡山居谷處陰陽不和寒凍裂

地衝風飄鹵沙石凝積地勢無所宜中國天地之中陰陽之際也日月經其南斗極出其北含衆和之氣產育庶物今去而侵邊多斥不毛寒苦之地是猶棄江皐河濱而田於嶺坂菹澤也轉倉廩之委飛府庫之財以給邊民中國困於繇賦邊民苦於戍禦力耕不便種糴無桑麻之利仰中國絲絮而後衣之皮裘蒙毛曾不足蓋形夏不失複冬不離窟父子夫婦內藏於專室土圜之中中外空虛扁鵲何力而鹽鐵何福也

未通第十五

御史曰內郡人衆水泉薦草不能相贍地勢溫濕不宜牛馬民蹠耒而耕負檐而行勞罷而寡功是以百姓貧苦而衣食不足老弱負輅於路而列卿大夫或乘牛車孝武皇帝平百越以爲園圃却羌胡以爲苑囿是以珍怪異物充於後宮騊駼駃騠實於外廄匹夫莫不乘堅良而民間厭橘柚由此觀之邊郡之利亦饒矣而曰何福之有未通於計也文學曰禹平水土定九州四方各以土地所生貢獻足以充宮室供人主之欲膏壤萬里山川之利足以富百姓不待蠻貊之地遠方之物而用足聞往者未伐胡越之時繇

賦省而民富足温衣飽食藏新食陳布帛充用牛馬成群農夫以馬耕載而民莫不騎乘當此之時却走馬以糞其後師旅數發戎馬不足牸牝入陣故駒犢生於戰地六畜不育於家五穀不殖於野民不足於糟糠何橘柚之所厭傳曰大軍之後累世不復方今郡國田野有隴而不墾城郭有宇而不實邊郡何饒之有乎御史曰古者制田百步爲畝民井田而耕什而藉一義先公而後己民臣之職也先帝哀憐百姓之愁苦衣食不足制田二百四十步而一畝率三十而稅一墮民不務田作飢寒及己固其理也其不耕

而欲播不種而欲獲鹽鐵又何過乎文學曰什一而藉民之力也豐耗美惡與民共之民勤己不獨衍民衍己不獨勤故曰什一者天下之中正也田雖三十而以頃畝出稅樂歲粒米粱糲而寡取之凶年飢饉而必求足加之以口賦更繇之役率一人之作中分其功農夫悉其所得或假貸而益之是以百姓疾耕力作而飢寒遂及己也築城者先厚其基而求其高畜民者先厚其業而後求其贍論語曰百姓足君孰與不足乎御史曰古者諸侯爭強戰國並起甲兵不休民曠於田疇什一而藉不違其職今賴陛下神靈

甲兵不動久矣然則民不齊出於南畝以口率被墾田而不足空倉廩而賑貧乏侵益日甚是以愈惰而仰利縣官也爲斯君者亦病矣反以身勞民民猶背恩棄義而遠流亡避匿上公之事民相倣傚田地日無租賦不入抵扞縣官君雖欲足誰與之足乎文學曰樹木數徙則殘蟲獸徙居則壞故代馬依北風飛鳥翔故巢莫不哀其生由此觀之民非利避上公之事而樂流亡也往者軍陣數起用度不足以訾徵賦常取給見民田家又被其勞故不齊出於南畝也大抵逋流皆在大家吏正畏憚不敢篤責刻急細民細

民不堪流亡遠去中家爲之色出後亡者爲先亡者服事錄民數創於惡吏故相倣傚去尤甚而就少愈多傳曰政寬者民死之政急者父子離是以田地日荒城郭空虛夫牧民之道除其所疾適其所安安而不擾使而不勞是以百姓勸業而樂公賦若此則君無賑於民民無利於上上下交讓而頌聲作故取而民不厭役而民不苦靈臺之詩非或使之民自爲之若斯則君何不足之有乎御史曰古者十五入大學與小役二十冠而成人與戎事五十以上血脉溢剛曰艾壯詩曰方叔元老克壯其猶故商師若烏周師

若荼今陛下哀憐百姓寬力役之政二十三始賦五十六而免所以輔耆壯而息老艾也丁者治其田里老者修其唐園儉力趣時無飢寒之患不治其家而訟縣官亦悖矣文學曰十九年巳下爲殤未成人也二十而冠三十而娶可以從戎事五十巳上曰艾老杖於家不從力役所以扶不足而息高年也鄉飲酒之禮耆老異饌所以優耆耄而明養老也故老者非肉不飽非帛不暖非杖不行今五十巳上至六十與子孫服輓輸並給繇役非養老之意也古有大喪者君三年不呼其門通其孝道遂其哀戚之心也君子

之所重而自盡者其惟親之喪乎今或僵尸棄衰絰而從戎事非所以子百姓順孝悌之心也周公抱成王聽天下恩塞海內澤被四表矧惟南面含仁保德靡不得其所詩云夙夜基命宥密陛下富於春秋委任大臣公卿輔政政教未均故庶人議也御史默不荅也

鹽鐵論卷第三

鹽鐵論卷第四

地廣第十六　貧富第十七
毁學第十八　襃賢第十九

地廣第十六

大夫曰王者包含并覆普愛無私不爲近重施不爲遠遺恩今俱是民也俱是臣也安危勞佚不齊獨不當調邪不念彼而獨計此斯亦好議矣緣邊之民處寒苦之地距強胡之難烽燧一動有没身之累故邊民百戰而中國恬卧者以邊郡爲蔽扞也詩云莫非王事而我獨勞刺不均也是以聖王懷四方獨苦興

師推却胡越遠寇國安災散中國肥饒之餘以調邊境邊境强則中國安國安則晏然無事何求而不默也文學曰古者天子之立於天下之中縣内方不過千里諸侯列國不及不食之地禹貢至于五千里民各供其君諸侯各保其國是以百姓均調而繇役不勞也今推胡越數千里道路迴避士卒勞罷故邊民有刎頸之禍而中國有死亡之患此百姓所以囂囂而不默也夫治國之道由中及外自近者始近者親附然後來遠百姓内足然後卹外故羣臣論或欲田輪臺明主不許以爲先救近務及時本業也故下詔

曰當今之務在於禁苛暴止擅賦力本農公卿宜承意請減除不任以佐百姓之急今中國弊落不憂務在邊境意者地廣而不耕多種而不耨費力而無功詩云無田甫田維莠驕驕其斯之謂歟大夫曰湯武之伐非好用兵也周宣王辟國千里非貪侵也所以除寇賊而安百姓也故無功之師君子不行無用之地聖王不貪先帝舉湯武之師定三垂之難一面而制敵匈奴遁逃因河山以爲防故去沙石鹹鹵不食之地故割斗辟之縣棄造陽之地以與胡省曲塞據河險守要害以寬徭役保士民由此觀之聖主用心

非務廣地以勞衆而已矣文學曰秦之用兵可謂極矣蒙恬斥境可謂遠矣今踰蒙恬之塞立郡縣寇虜之地地彌遠而民滋勞朔方以西長安以北新郡之功外城之費不可勝計非徒是也司馬唐蒙鑿西南夷之塗巴蜀弊於邛筰横海征南夷樓船戍東越荆楚罷於甌駱左將伐朝鮮開臨洮燕齊困於穢貉張騫通殊遠納無用府庫之藏流於外國非特斗辟之費造陽之役也由此觀之非人主用心好事之臣爲縣官計過也大夫曰挾管仲之智者非爲厮役之使也懷陶朱之慮者不居貧困之處文學能言而不能

行居下而訕上處貧而非富大言而不從高厲而行
卑誹譽訾議以要名采善於當世夫祿不過秉握者
不足以言治家不滿檐石者不足以計事儒皆貧羸
衣冠不完安知國家之政縣官之事乎何斗辟造陽
也文學曰夫賤不周智貧不妨行顏淵屢空不爲不
賢孔子不容不爲不聖必將以貌舉人以才進士則
太公終身鼓刀甯戚不離飯牛矣古之君子守道以
立名修身以俟時不爲窮變節不爲賤易志惟仁之
處惟義之行臨財苟得見利反義不義而富無名而
貴仁者不爲也故曾參閔子不以其仁易晉楚之富

伯夷不以其行易諸侯之位是以齊景公有馬千駟而不能與之爭名孔子曰賢哉回也一簞食一瓢飲在於陋巷人不堪其憂回也不改其樂故惟仁者能處約樂貧小人富斯暴貧斯濫矣楊子曰爲仁不富爲富不仁苟先利而後義取奪不厭公卿積億萬大夫積千金士積百金利己并財以聚百姓寒苦流離於路儒獨何以完其衣冠也

貧富第十七

大夫曰余結髮束脩年十三幸得宿衛給事輦轂之下以至卿大夫之位獲禄受賜六十有餘年矣車馬

衣服之用妻子僕養之費量入爲出儉節以居之奉禄賞賜一二籌策之積浸以致富成業故分土若一賢者能守之分財若一智者能籌之夫白圭之廢著子貢之三至千金豈必賴之民哉運之六寸轉之息耗取之貴賤之間耳文學曰古者事業不二利禄不兼然後諸業不相遠而貧富不相懸也夫乘爵禄以謙讓者名不可勝舉也因權勢以求利者入不可勝數也食湖池管山海芻蕘者不能與之爭澤商賈不能與之爭利子貢以布衣致之而孔子非之況以勢位求之者乎故古者大夫思其仁義以充其位不爲

權利以充其私也大夫曰山岳有饒然後百姓贍焉河海有潤然後民取足焉夫尋常之汚不能漑陂澤丘阜之木不能成宮室小不能苞大少不能贍多未有不能自足而能足人者也未有不能自治而能治人者也故善爲人者能自爲者也善治人者能自治者也文學不能治內安能理外乎文學曰行遠者假於車濟江海者因於舟故賢士之立功成名因資而假物者也公輸子能因人主之材木以構宮室臺榭而不能自爲專屋狹廬材不足也歐冶能因國君銅鐵以爲金鑪大鍾而不能自爲一鼎盤材無其用也

君子因人主之正朝以和百姓潤衆庶而不能自饒其家勢不便也故舜耕於歷山恩不及州里太公屠牛於朝歌利不及妻子及其見用恩流八荒德溢四海故舜假之堯太公因之周君子能修身以假道者不能枉道而假財也大夫曰道懸於天物布於地智者以衍愚者以困子貢以著積顯於諸侯陶朱公以貨殖尊於當世富者交焉貧者贍焉故上自人君下及布衣之士莫不戴其德稱其仁原憲孔伋當世被飢寒之患顏回屢空於窮巷當此之時迫於窟穴拘於縕袍雖欲假財信姦佞亦不能也文學曰孔子云

富而可求雖執鞭之事吾亦爲之如不可求從吾所好君子求義非苟富也故刺子貢不受命而貨殖焉君子遭時則富且貴不遇退而樂道不以利累己故不違義而妄取隱居修節不欲妨行故不毀名而趨勢雖付之以韓魏之家非其志則不居也富貴不能榮誇毀不能傷也故原憲之緼袍賢於季孫之狐貉趙宣孟之魚食甘於智伯之芻豢子思之銀珮美於虞公之垂棘魏文侯軾段干木之閭非以其有勢也晉文公見韓慶下車而趨非其多財以其富於仁充於德也故貴何必財亦仁義而已矣

毀學第十八

大夫曰：夫懷枉而言正自託於無欲而實不從非此士之情也昔李斯與包丘子俱事荀卿既而李斯入秦遂取三公據萬乘之權以制海内功侔伊望名巨太山而包丘子不免於甕牖蒿廬如潦歲之鼃口非不衆也然卒死於溝壑而已今内無以養外無以稱貧賤而好義雖言仁義亦不足貴者也文學曰方李斯之相秦也始皇任之人臣無二然而荀卿謂之不食覩其罹不測之禍也包丘子飯麻蓬藜修道白屋之下樂其志安之於廣厦芻豢無赫赫之勢亦無戚

戚之憂夫晉獻垂棘非不美也宮之奇見之而歎知荀息之圖之也智伯富有三晉非不盛也然不知襄子之謀之也季孫之狐貉非不麗也而不知魯君之患之也故晉獻以寶馬釣虞虢襄子以城壞誘智伯故智伯身禽於趙而虞虢卒并於晉以其務得不顧其後貪土地而利寶馬也孔子曰人無遠慮必有近憂今之在位者見利不虞害貪得不顧恥以利易身以財易死無仁義之德而有富貴之祿若蹈坎穽食於懸門之下此李斯之所以伏五刑也南方有鳥名鵷鶵非竹實不食非醴泉不飲飛過太山太山之鴟

俛啄腐鼠仰見鵷鶵而嚇今公卿以其富貴笑儒者
爲之常行得無若太山鴟嚇鵷鶵乎大夫曰學者所
以防固辭禮者所以文鄙行也故學以輔德禮以文
質言思可道行思可樂惡言不出於口邪行不及於
己動作應禮從容中道故禮以行之孫以出之是以
終日言無口過終身行無冤尤今人主張官立朝以
治民疏爵分祿以褒賢而曰懸門腐鼠何辭之鄙背
而悖於所聞也文學曰聖主設官以授任能者處之
分祿以任賢能者受之義貴無高義取無多故舜受
堯之天下太公不避周之三公苟非其人簞食豆羹

猶爲賴民也故德薄而位高力少而任重鮮不及矣夫泰山鴟啄腐鼠於窮澤幽谷之中非有害於人也今之有司盜主財而食之於刑法之旁不知機之是發又以嚇人其患惡得若泰山之鴟乎大夫曰司馬子言天下穰穰皆爲利往趙女不擇醜好鄭嫗不擇遠近商人不媿恥辱戎士不愛死力士不在親事君不避其難皆爲利祿也儒墨内貪外矜往來游說栖栖然亦未爲得也故尊榮者士之願也富貴者士之期也方李斯在荀卿之門闒茸與之齊軫及其奮翼高舉龍昇驥騖過九軼二翱翔萬仞鴻鵠華騮且同

侶況跛牂燕雀之屬乎席天下之權御宇內之衆後車百乘食祿萬鍾而拘儒布褐不完糟糠不飽非甘菽藿而卑廣厦亦不能得已雖欲嚇人其何已乎文學曰君子懷德小人懷土賢士徇名貪夫死利李斯貪其所欲致其所惡孫叔敖早見於未萌三去相而不悔非樂卑賤而惡重祿也慮遠而避害謹也夫郊祭之牛養食朞年衣之文繡以入廟堂太宰執其鸞刀以啓其毛方此之時願任重而止峻坂不可得也商鞅困於彭池吴起之伏王尸願被布褐而處窮鄙之蒿廬李斯相秦席天下之勢志小萬乘及其囚於

囹圄車制於雲陽之市亦願負薪入鴻門行上蔡曲街徑不可得也蘇秦吳起以權勢自殺商鞅李斯以尊重自滅皆貪祿慕榮以沒其身從車百乘曾不足以載其禍也

褒賢第十九

大夫曰伯夷以廉飢尾生以信死由小器而虧大體匹夫匹婦之爲諒也經於溝瀆而莫之知也何功名之有蘇秦張儀智足以强國勇足以威敵一怒而諸侯懼安居而天下息萬乘之主莫不屈體卑辭幣請交此所謂天下名士也夫智不足與謀而權不能舉

當世民斯爲下也今舉亡而爲有虚而爲盈布衣穿履深念徐行若有遺亡非立功成名之士而亦未免於世俗也文學曰蘇秦以從顯於趙張儀以横任於秦方此之時非不尊貴也然智士隨而憂之知夫不以道進必不以道退不以義得者必不以義亡季孟之權三桓之富不可及也孔子爲之曰微爲人臣權均於君富侔於國者亡故其位彌高而罪彌重禄滋厚而罪滋多夫行者先全己而後求名仕者先辟害而後求禄故香餌非不美也龜龍聞而深藏鸞鳳見而高逝者知其害身也夫爲烏鵲魚鱉食香餌而後

狂飛奔走遯逃頭屈遰遰無益於死今有司盜秉國法進不顧罪卒然有急然後車馳人趨無益於死所盜不足償於臧獲妻子奔亡無處所身在深牢莫知恤視方此之時何暇得以笑乎大夫曰文學節高行矯然若不可卷盛節絜言皦然若不可涅然戍卒陳勝釋輓輅首爲叛逆自立張楚素非有回由處士之行宰相列臣之位也奮於大澤不過旬月而齊魯儒墨縉紳之徒肆其長衣長衣官之也負孔氏之禮器詩書委質爲臣孔甲爲涉慱士卒俱死陳爲天下大笑深臧高逝者固若是也文學曰周室衰禮義壞不能統

理天下諸侯交爭相滅亡并爲六國兵革不休民不得寧息秦以虎狼之心蠶食諸侯并吞戰國以爲郡縣伐能矜功自以爲過堯舜而羞與之同棄仁義而尚刑罰以爲今時不師於文而決於武趙高治獄於内蒙恬用兵於外百姓愁苦同心而患秦陳王赫然奮爪牙爲天下首事道雖凶而儒墨或干之者以爲無王久矣道擁遏不得行自孔子以至于兹而秦復重禁之故發憤於陳王也孔子曰如有用我者吾其爲東周乎庶幾成湯文武之功爲百姓除殘去賊豈貪禄樂位哉大夫曰文學言行雖有伯夷之廉不及

柳下惠之貞不過高瞻下視絜言汚行觴酒豆肉遷
延相讓辭小取大雞廉狼吞趙綰王臧之等以儒術
擢爲上卿而有姦利殘忍之心主父偃以口舌取大
官竊權重欺紿宗室受諸侯之賂卒皆誅死東方朔
自稱辯畧消堅釋石當世無雙然省其私行狂夫不
忍爲況無東方朔之口其餘無可觀者也文學曰志
善者忘惡謹小者致大俎豆之閒足以觀禮閨門之
內足以論行夫服古之服誦古之道舍而爲非者鮮
矣故君子時然後言義然後取不以道得之不居也
滿而不溢泰而不驕故袁盎親於景帝秣馬不過一

駟公孫弘即三公之位家不過十乘東方先生說聽言行於武帝而不驕溢主父見困厄之日久此疾在位者不好道而富且貴莫知卹士也於是取饒衍之餘以周窮士之急非爲私家之業也當世囂囂非患儒之雞廉患在位者之虎飽鴟咽於求覽無所孑遺耳

鹽鐵論卷第四

鹽鐵論卷第五

相刺第二十　殊路第二十一　頌賢第二十二
遵道第二十三　論誹第二十四　孝養第二十五
刺議第二十六　利議第二十七　國疾第二十八

相刺第二十

大夫曰古者經井田制廛里丈夫治其田疇女子治其麻枲無曠地無游人故非商工不得食於利末非良農不得食於收穫非執政不得食於官爵今儒者釋耒耜而學不驗之語曠日彌久而無益於理往來浮游不耕而食不蠶而衣巧僞良民以奪農妨政此

亦當世之所患也文學曰禹感洪水身親其勞澤行路宿過門不入當此之時簪墮不掇冠挂不顧而暇耕乎孔子曰詩人疾之不能默丘疾之不能伏是以東西南北七十説而不用然後退而修王道作春秋垂之萬載之後天下折中焉豈與匹夫匹婦耕織同哉傳曰君子當時不動而民無觀也故非君子莫治小人非小人無以養君子當不耕織爲匹夫匹婦也君子耕而不學則亂之道也大夫曰文學言治尚於唐虞言義高於秋天有華言矣未見其實也昔魯穆公之時公儀爲相子思子原爲之卿然北削於齊以

泗爲境南畏楚人西賓秦國孟軻居梁兵折於齊上將軍死而太子虜西敗於秦地奪壤削亡河内河外夫仲尼之門七十子之徒去父母捐室家負荷而隨孔子不耕而學亂乃愈滋故玉屑滿篋不爲有寶誦詩書負笈不爲有道要在安國家利人民不苟文繁衆辭而已文學曰虞不用百里奚之謀而滅秦穆用之以至霸焉夫不用賢則亡而不削何可得乎孟子適梁惠王問利荅以仁義趣舍不合是以不用而去夫懷寶而無語故有粟不食無益於飢覩賢不用無益於削紂之時内有微箕二子外有膠鬲棘子故其

不能存夫言而不用諫而不聽雖賢惡得有益於治也大夫曰橘柚生於江南而民皆甘之於口味同也好音生於鄭衛而人皆樂之於耳聲同也越人夷吾戎人由余待譯而後通而並顯齊秦人之心於善惡同也故曾子倚山而吟山鳥下翔師曠鼓琴百獸率舞未有善而不合誠而不應者也意未誠與何故言而不見從行而不合也文學曰扁鵲不能治不受鍼藥之疾賢聖不能正不食諫諍之君故桀有關龍逢而亡夏殷有三人而商滅不患無由余夷吾之倫患無栢穆之聽耳是以孔子東西無所適遇屈原放逐

於楚國故曰直道而事人焉往而不三黜枉道而事人終非以此言而不見從行而不合者也大夫曰歌者不期於利聲而貴在中節論者不期於麗辭而務在事實善聲而不知轉未可爲能歌也善言而不知變未可謂能說也持規而非矩執準而非繩通一孔曉一理而不知權衡以所不覩不信人若蟬之不知雪堅據古文以應當世猶辰參之錯膠柱而調瑟固而難合矣孔子所以不用於世而孟軻見賤於諸侯也文學曰日月之光而盲者不能見雷電之聲而聾人不能聞夫爲不知音者言若語於瘖聾何特蟬之

不知重雪耶夫以伊尹之智太公之賢而不能開辭於桀紂非說也非聽者過也是以荆和抱璞而泣血曰安得良工而剖之屈原行吟澤畔曰安得皐陶而察之夫人君莫不欲求賢以自輔任能以治國然牽於流說慼於道諛是以賢聖蔽掩而讒佞用事以此亡國破家而賢士飢於巖穴也昔趙高無過人之志而居萬人之位是以傾覆秦國而禍殃其宗盡失其瑟何膠柱之調也大夫曰所謂文學高第者智略能明先王之術而姿質足以履行其道故居則爲人師用則爲世法今文學言治則稱堯舜道行則言孔墨

授之政則不達懷古道而不能行言直而行之枉道是而情非衣冠有以殊於鄉曲而實無以異於凡人諸生所謂中直者遭時蒙幸備數適然耳殆非明舉所謂固未可與論治也文學曰天設三光以照記天子立公卿以明治故曰公卿者四海之表儀神化之丹青也上有輔明主之任下有遂聖化之事和陰陽調四時安衆庶育群生使百姓輯睦無怨思之色四夷順德無叛逆之憂此公卿之職而賢者之所務也若伊尹周召三公之才太顛閎夭九卿之人文學不中聖主之明舉今之執政亦未能稱盛德也大夫不

說作色不應也文學曰朝無忠臣者政闇大夫無直士者位危任座正言君之過文侯改言行稱爲賢君袁盎面刺絳侯之驕矜卒得其慶故觸死亡以干主之過者忠臣也犯嚴顏以匡公卿之失者直士也鄙人不能巷言面違方今人主穀之教令張而不施食禄多非其人以妨農商工市井之利未歸於民民望不塞也且夫帝王之道多墮壞而不脩詩云濟濟多士意者誠任用其計非苟陳虛言而已

殊路第二十一

大夫曰七十子躬受聖人之術有名列於孔子之門

皆諸侯卿相之才可南面者數人云政事者冉有季
路言語宰我子貢宰我秉事有寵於齊田常作難道
不行身死庭中簡公殺於檀臺子路仕衛孔悝作亂
不能救君出亡身菹於衛子貢子皋遁逃不能死其
難食人之重祿不能更處人尊官不能存何其厚於
己而薄於君哉同門共業自以爲知古今之義明君
臣之禮或死或亡二三子殊路何道之悖也文學曰
宋襄公知孔父之賢而不早任故身死魯莊知季有
之賢授之政晚而國亂衛君近佞遠賢子路居蒲孔
悝爲政簡公不聽宰我而漏其謀是以二君身被放

殺而禍及忠臣二子者有事而不與其謀故可以死可以生去止其義一也晏嬰不死崔慶之難不可謂不義微子去殷之亂可謂不仁乎大夫曰至美素璞物莫能飾也至賢保真僞文莫能增也故金玉不琢美珠不畫今仲由冉求無檀柘之材隋和之璞而強文之譬若彫朽木而礪鈆刀飾嫫母畫土人也被以五色斐然成章及遭行潦流波則沮矣夫重懷古道枕籍詩書危不能安亂不能治鄰里逐雞雞亦無黨也文學曰非學無以治身非禮無以輔德和氏之璞天下之美寶也待鑑識之工而後明毛嬙天下之姣

人也待香澤脂粉而後容周公天下之至聖人也待賢師學問而後通今齊世庸士之人不好學問專以己之愚而荷負巨任若無檝舳濟江海而遭大風漂没於百仞之淵東流無崖之川安得沮而止乎大夫曰性有剛柔形有好惡聖人能因而不能改孔子外變二三子之服而不能革其心故子路解長劒去危冠屈節於夫子之門然攝齊師友行行爾鄙心猶存宰予晝寢欲損三年之喪孔子曰糞土之墻不可杇也若由不得其死然故内無其質而外學其文雖有賢師良友若畫脂鏤冰費日損功故良師不能飾戚

施香澤不能化嫫母也文學蒙以不潔鄙夫掩鼻惡人盛飾可以宗祀上帝使二人不涉聖人之門不免爲窮夫安得卿大夫之名故砥所以致於刃學所以盡其才也孔子曰觚不觚觚哉觚哉故事人加則爲宗廟器否則斯養之釁才干越之鋌不厲匹夫賤之工人施巧人主服而朝也夫醜者自以爲姣故飾愚者自以爲知故不學觀笑在己而不自知不好用人自是之過也

訟賢第二十二

大夫曰剛者折柔者卷故季由以強梁死宰我以柔

弱殺使二子不學未必不得其死何者矜己而伐能小知而巨收欲人之從己不能以己之從人莫視而自見莫賈而自貴此其所以身殺死而終菹醢也未見其爲宗廟器覩其爲世戮也當此之時東流亦安之乎文學曰騏驎之輓鹽車垂頭於太行屠者持刀而睨之太公之窮困負販於朝歌也蓬頭相聚而笑之當此之時非無遠筋駿才也非文王伯樂莫知之賈也子路宰我生不逢伯樂之舉而遇狂屠故君子傷之若由不得其死然天其祝予矣孔父累華督之難不可謂不義仇牧涉宋萬之禍不可謂不賢也大

夫曰今之學者無太公之能騏驥之才有以蜂蠆介毒而自害也東海成顒河東胡建是也二子者以術蒙舉起卒伍爲縣令獨非自是無與合同引之不來推之不往狂狷不遜忮害不恭刻轢公主侵陵大臣知其不可而強行之欲以干名所由不軌果沒其身未覩功業所至而見東觀之殃身得重罪不得以壽終狡而以爲知訐而以爲直不遜以爲勇其遭難故亦宜也文學曰二公懷精白之心行忠正之道直己以事上竭力以徇公奉法推理不避強禦不阿所親不貴妻子之養不顧私家之業然卒不能免於嫉妬

之人爲衆枉所排也其所以累不測之刑而功不遂也夫公族不正則法令不行股肱不正則姦邪興起趙奢行之平原范雎行之穰侯二國治而兩家全故君過而臣正上非而下譏大臣正縣令何肯不反諸己而行非於人執政之大失也夫屈原之沉淵遭子椒之譖也管子得行其道鮑叔之力也今不覩鮑叔之力而見汨羅之禍雖欲以壽終無其能得乎

遵道第二十三

大夫曰御史御史未應謂丞相史曰文學結髮學語服膺不舍辭若循環轉若陶鈞文繁於春華無効於

抱風飾虛言以亂實道古以害今從之則縣官用廢虛言不可實而行之不從文學以爲非也衆口囂囂不可勝聽諸卿都大府日久矣通先古明當世今將何從而可矣丞相史進曰晉文公譎而不正齊桓公正而不譎所由不同俱歸於霸而必隨古不革襲故不改是文質不變而椎車尚在也故或作之或述之然後法令調於民而器械便於用也孔對三君殊意晏子相三君異道非苟相反所務之時異也公卿既定大業之路建不竭之本願無顧細故之語牽儒墨論也文學曰師曠之調五音不失宮商聖王之治世

不離仁義故有改制之名無變通之實上自黃帝下及三王莫不明德教謹庠序崇仁義立教化此百世不易之道也殷周因修而昌秦王變法而亡詩云雖無老成人尚有典刑言法教故没而存之舉而貫之貫而行之何更爲哉丞相史曰說西施之美無益於容道堯舜之德無益於治今文學不言所爲治而言以治之無功猶不言耕田之方美富人之囷倉也夫欲粟者務時欲治者因世故商君昭然獨見存亡不可與世俗同者爲其沮功而多近也庸人安其故而愚者果所聞故舟車之治使民三年而後安之商君

之法立然後民信之孔子曰可與共學未可與權文學可令扶繩循刻非所與論道術之外也文學曰君子多聞闕疑述而不作聖達而謀小人歒智而事寡是以功成而不隳名立而不頓小人智淺而謀大羸弱而任重故中道而廢蘇秦商鞅是也無先王之法非聖人之道而因於己故亡易曰小人處盛位雖高必崩不盈其道不恒其德而能以善終身未之有也是以初登于天後入于地禹之治水也民知其利莫不勸其功商鞅之立法民知其害莫不畏其刑故夏后功立而王商鞅法行而亡商鞅有獨智之慮世不

獨見之證文學不足與權當世亦無累負之殃也

論誹第二十四

丞相史曰晏子有言儒者華於言而寡於實繁於樂而舒於民久喪以害生厚葬以傷業禮煩而難行道迂而難遵稱往古而言訾當世賤所見而貴所聞此人本枉以己爲拭此顏異所以誅黜而狄山死於匈奴也處其位而非其朝生乎世而訕其上終以被戮而喪其軀此獨誰爲負其累而蒙其殃乎文學曰禮所以防淫樂所以移風禮興樂正則刑罰中故隄防成而民無水菑禮義立民無亂患故禮義壞隄防決

所以治者未之有也孔子曰禮與其奢也寧儉喪與
其易也寧戚故禮之所爲作非以害生傷業也威儀
節文非以亂化傷俗也治國謹其禮危國謹其法昔
秦以武力吞天下而斯高以妖孽累其禍廢古術隳
舊禮專任刑法而儒墨既喪焉塞士之塗壅人之口
道諛日進而上不聞其過此秦所以失天下而殞社
稷也故聖人爲政必先誅之僞巧言以輔非而傾覆
國家也今子安取亡國之語而來乎夫公卿處其位
不正其道而以意阿色順風疾小人淺淺面從以成
人之過也故知言之死不忍從苟合之徒是以不免

於縲絏悲夫丞相史曰檀柘而有鄉雚葦而有藂言物類之相從也孔子曰德不孤必有鄰故湯興而伊尹至不仁者遠矣未有明君在上而亂臣在下也今先帝躬行仁聖之道以臨海內招舉俊才賢良之士唯仁是用誅逐亂臣不避所親務以求賢而簡退不肖猶堯之舉舜禹之族殛鯀放驩兜也而曰苟合之徒是則主非而臣阿是也文學曰皐陶對舜在知人惟帝其難之洪水之災堯獨愁悴而不能治得舜禹而九州寧故雖有堯明之君而無舜禹之佐則純德不流春秋刺有君而無臣先帝之時良臣未備故邪

臣得間堯得舜禹而殛鯀驩兜誅趙簡子得叔向而
盛青肩詘語曰未見君子不知偽臣詩云未見君子
憂心忡忡既見君子我心則降此之謂也丞相史曰
堯任鯀驩兜得舜禹而放殛之以其罪而天下咸服
誅不仁也人君用之齊民而顏異濟南亭長也先帝
舉而加之高位官至上卿狄山起布衣爲漢議臣處
舜禹之位執天下之中不能以治而反坐訕上故驩
兜之誅加而刑戮至焉賢者受賞而不肖者被刑固
其然也文學何恠焉文學曰論者相扶以義相喻以
道從善不求勝服義不恥窮若相迷以偽相亂以辭

相矜於後息期於苟勝非其貴者也夫蘇秦張儀熒惑諸侯傾覆萬乘使人主失其所持非不辯然亂之道也君子疾鄙夫之不可與事君患其聽從而無所不至也今子不聽正義以輔卿相又從而順之好須臾之說不計其後若子之爲人吏宜受上戮子姑默矣丞相史曰蓋聞士之居世也衣服足以勝身食飲足以供親內足以相卹外不求於人故身修然後可以理家家治然後可以治官故飯蔬糲者不可以言孝妻子飢寒者不可以言慈緒業不備者不可以言理居斯世行斯身而有此三累者斯亦足以默矣

孝養第二十五

文學曰善養者不必芻豢也善供服者不必錦繡也以己之所有盡事其親孝之至也故匹夫勤勞猶足以順禮歠菽飲水足以致其敬孔子曰今之孝者是爲能養不敬何以別乎故上孝養志其次養色其次養體貴禮不貪其養禮順心和養雖不備可也易曰東隣殺牛不知西隣之禴祭也故富貴而無禮不如貧賤之孝悌閨門之内盡孝焉閨門之外盡悌焉朋友之道盡信焉三者孝之至也居家理者非謂積財也事親孝者非謂鮮肴也亦和顏色承意盡禮義而

已矣丞相史曰八十曰耋七十曰耄耄食非肉不飽
衣非帛不暖故孝子曰甘毳以養口輕暖以養體曾
子養曾晳必有酒肉無端絻雖公西赤不能以養爲
容無肴膳雖閔曾不能以養卒禮無虛加故必有其
實然後爲之父子與其禮有餘而養不足寧養有餘
而禮不足夫洗爵以盛水升降而進糲禮雖備然非
其貴者也文學曰周襄王之母非無酒肉也衣食非
不如曾晳也然而被不孝之名以其不能事其父母
也君子重其禮小人貪其養夫嗟來而招之投而與
之乞者由不取也君子苟無其禮雖美不食焉故禮

主人不親饋則客不祭是饋輕而禮重也丞相史曰孝莫大以天下一國養次禄養下以力故王公人君上也卿大夫次也夫以家人言之有賢子者當路於世者高堂邃宇安車大馬衣輕暖食甘毳無猒者褐衣皮冠窮居陋巷有旦無暮食蓛糲者葷茹膢臘而後見肉害老親之腹非唐園唯菜是盛夫蓛糲乞者所不取而子以養親雖欲以禮非其貴也文學曰無其能而竊其位無其功而有其禄雖有富貴由蹠蹻之養也高臺極望食案方丈而不可謂孝老親之腹非盜囊也何故常盛不道之物夫取非有非職財入

而患從之身且死禍殃安得膢臘而食肉曾參閔子無卿相之養而有孝子之名周襄王富有天下而有不能事父母之累故禮菲而養豐非孝也涼囷而以養非孝也丞相曰上孝養色其次安親其次全身往者陳餘背漢斬於泜水五被邪逆而夷三族近世主父偃行不軌而誅滅呂步舒弄口而見戮行身不謹誅及無罪之親由此觀之虛禮無益於己也文實配行禮養俱施然後可以言孝孝在於質實不在於飾貌全身在於謹慎不在於馳語也文學曰言而不誠期而不信臨難不勇事君不忠不孝之大者也孟子

曰今之士今之大夫皆罪人也皆達其意以順其惡今子不忠不信巧言以亂政導諛以求合若此者不容於世春秋曰士守一不移循理不外援共其職而已故卑位而言高者罪也言不及而言者傲也有詔公卿與斯議而空戰口也

刺議第二十六

丞相史曰山林不讓椒桂以成其崇君子不辭負薪之言以廣其名故多見者博多聞者知距諫者塞專己者孤故謀及下者無失策舉及衆者無頓功詩云詢于芻蕘故布衣皆得風議何況公卿之史乎春秋

士不載文而書咺者以爲宰士也孔子曰雖不吾以吾其與聞諸侯僕雖不敏亦當傾耳下風攝齊句指受業徑於君子之塗矣使文學言之而是僕之言有何害使文學言之而非雖微丞相史孰不非也文學曰以正輔人謂之忠以邪導人謂之佞夫怫過納善者君之忠臣大夫之直士也孔子曰大夫有爭臣三人雖無道不失其家今子處宰士之列無忠正之心枉不能正邪不能匡順流以容身從風以說上上所言則苟聽上所行則曲從若影之隨形響之於聲終無所是非衣儒衣冠儒冠而不能行其道非其儒也

譬若土龍文章首目具而非龍也葶歷似菜而味殊玉石相似而異類子非孔氏執經守道之儒乃公卿面從之儒非吾徒也冉有爲季氏宰而附益之孔子曰小子鳴鼓而攻之可也故輔桀者不爲智爲桀歛者不爲仁丞相史默然不對

利議第二十七

大夫曰作世明主憂勞萬人思念北邊之未安故使使者舉賢良文學高弟詳延有道之士將欲觀殊議異策虛心傾耳以聽庶幾云得諸生無能出奇計遠圖匈奴安邊境之策明枯竹守空言不知趨舍之宜

時世之變議論無所依如膝癢而搔背辯訟公門之下訩訩不可勝聽如品即口以成事此豈明主所欲聞哉文學曰諸生對冊殊路同歸指在於崇禮義退財利復往古之道匡當世之失莫不云太平雖未盡可亶用宜畧有可行者焉執事闇於明禮而喻於利末沮事隋議計慮籌策以故至今未決非儒無成事公卿欲成也大夫曰色厲而内荏亂眞者也文表而柔裏亂實也文學裒衣博帶竊周公之服鞠躬踧踖竊仲尼之容議論稱誦竊商賜之辭刺譏言治過管晏之才心卑卿相志小萬乘及授之政昏亂不治故

以言舉人若以毛相馬此其所以多不稱舉詔策曰朕嘉宇內之士故詳延四方豪俊文學博習之士超遷官祿言者不必有德何者言之易而行之難有舍其車而識其牛貴其不言而多成事也吳鐸以其舌自破主父偃以其舌自殺鶡鴠夜鳴無益於明主父鳴鴟無益於死非有司欲成利文學桎梏於舊術牽於間言者也文學曰能言之能行之者湯武也能言不能行者有司也文學竊周公之服有司竊周公之位文學桎梏於舊術有司桎梏於財利主父偃以舌自殺有司以利自困夫驥之才千里非造父不能使

禹之知萬人非舜爲相不能用故季桓子聽政柳下惠忽然不見孔子爲司寇然後悖熾驥舉之在伯樂其功在造父造父攝轡馬無駑良皆可取道周公之時士無賢不肖皆可與言至治故御之良者善調馬相之賢者善使士今舉異才而使減騶御之是猶柅驥鹽車而使責之疾此賢良文學多不稱舉也大夫曰嘻諸生闒茸無行多言而不用情貌不相副若穿踰之盜自古而患之是孔丘斥逐於魯君曾不用於世也何者以其首攝多端迂時而不要也故秦王燔去其術而不行坑之渭中而不用乃安得鼓口舌申

顔眉預前論議是非國家之事也

國病第二十八

文學曰國有賢士而不用非士之過有國者之耻孔子大聖也諸侯莫能用當小位於魯三月不令而行不禁而止沛若時雨之灌萬物莫不興起也況乎位天下之本朝而施聖主之德音教澤乎今公卿處尊位執天下之要十有餘年功德不施於天下而勤勞於百姓百姓貧陋困窮而私家累萬金此君子所耻而伐檀所刺也昔者商鞅相秦後禮讓先貪鄙尚首功務進取無德序於民而嚴刑罰於國俗日壞而民

滋怨故惠王烹葅其身以謝天下當此之時亦不能論事矣今執政患儒貧賤而多言亦憂執事富貴而多患也大夫視文學悒悒而不言也丞相史曰夫辯國家之政事論執政之得失何不徐徐道理相喻何至切切如此乎大夫難罷鹽鐵者非有利也憂國家之用邊境之費也諸生闇闇爭鹽鐵亦非爲己也欲反之於古而輔成仁義也二者各有所宗時世異務又安可堅任古術而非今之理也且去小雅非人必有以易之諸生莫有能安集國中懷臧之來遠方使邊境無寇虜之災租稅盡爲諸生除之何況鹽鐵均

輸乎所以貴術儒者貴其處謙推讓以道盡人今辯訟愕愕然無赤賜之辭而見鄙倍之色非所聞也大夫言過而諸生亦如之諸生不直謝大夫耳賢良文學皆離席曰鄙人固陋希涉大庭狂言多不稱以逆執事夫藥酒苦於口利於病忠言逆於耳而利於行故愕愕者福也諓諓者賤也林中多疾風富貴多諛言萬里之朝日聞唯唯而後聞諸生之愕愕此乃公卿之良藥鍼石大夫色少寬面文學而蘇也賢良曰窮巷多曲辯而寡見者難喻文學守死溟涬之語而終不移夫往古之事昔有之語已可覩矣今以近世

觀之自以目有所見耳有所聞世殊而事異文景之
際建元之始民朴而歸本吏廉而自重殷殷屯屯人
衍而家富今政非改而教非易也何世之彌薄而俗
之滋衰也吏即少廉民即寡耻刑非誅惡而姦猶不
止世人有言鄙儒不如都士文學皆出山東希涉大
論子大夫論京師之日久顧分明政治失之事故所
以然者也賢良曰夫山東天下之腹心賢士之戰場
也高皇帝龍飛鳳舉於宋楚之間山東子弟蕭曹樊
酈滕灌之屬爲輔雖即異世亦既閎夭太顛而已禹
出西羌文王生北夷然聖德高世有萬人之才負迭

羣之任出入都市一旦不知返數然後終於廝役而已僕雖不生長京師才駑下愚不足以大議竊所以聞閭里長老之言往者常民衣服温暖而不靡器質朴牢而致用衣足以蔽體器足以便事馬足以易步車足以自載酒足以合歡而不湛樂足以理心而不淫入無宴樂之聞出無佚游之觀行即負羸止作鋤耘用約而財饒本修而民富送死哀而不華養生適而不奢大臣正而無欲執政寬而不苛故黎民寧其性百吏保其官建元始崇文修德天下乂安其後邪臣各以伎藝虧亂至治外障山海內興諸利楊可勝

告緡江充禁服張大夫革令杜周治獄罰贖科適微細並行不可勝載夏蘭之屬妄搏王温舒之徒妄殺殘吏萌起擾亂良民當此之時百姓不保其首領豪富莫必其族姓聖主覺焉乃刑戮充等誅滅殘賊以殺死罪之怨塞天下之責然居民肆然復安然其禍累世不復瘡痍至今未息故百官尚有殘賊之政而強宰尚有強奪之心大臣擅權而斷擊豪猾多黨而侵陵富貴奢侈貧賤篡殺女工難成而易弊車器難就而易敗車不累朞器不終歲一車千石一衣十鍾常民文杯畫案机席緝躢婢妾衣紈履絲匹庶粺飯

肉食里有俗黨有場康莊馳逐窮巷蹹鞠秉耒抱插躬耕身織者寡娶要斂從容傅白黛青者衆無而爲有貧而強夸文表無裏紈跨臬裝生不養死厚送葬死殫家遣女滿車富者欲過貧者欲及富者空減貧者稱貸是以民年急而歲促貧即寡恥乏即少廉此所以刑非誅惡而姦猶不止也故國有嚴不急之徵即生前不足疾矣

鹽鐵論卷第五

鹽鐵論卷第六

散不足二十九　救匱三十　鹽鐵箴石三十一
除狹三十二　疾貪三十三　後刑三十四
授時三十五　水旱三十六

散不足第二十九

大夫曰吾以賢良爲少愈乃反其幽明若胡車相隨而鳴諸生獨不見季夏之蜈乎音聲入耳秋風至而聲無者生無易由言不顧其患患至而後默晚矣賢良曰孔子讀史記喟然而歎傷正德之廢君臣之危也夫賢人君子以天下爲任者也任大者思遠思遠

者忘近誠心閔悼惻隱加爾故忠心獨而無累此詩人所以傷而作比干子胥遺身忘禍也其惡勞人若斯之急安能默乎詩云憂心如惔不敢戲談孔子栖栖疾固也墨子遑遑閔世也大夫默然丞相曰願聞散不足賢良曰宮室輿馬衣服器械喪祭食飲聲色玩好人情之所不能已也故聖人爲之制度以防之閒者士大夫務於權利怠於禮義故百姓倣傚頗踰制度今故陳之曰古者穀物菜果不時不食鳥獸魚鼈不中殺不食故繳罔不入於澤雜毛不取今富者逐驅殲罔罝掩捕麑鷇耽湎沈猶鋪百川鮮羔䍩幾

胎扁皮黄口春鵝秋鶵冬葵温韭浚茈蓼蘇豐弈耳菜毛果蟲貉古者采椽茅茨陶桴複穴足禦寒暑蔽風雨而已及其後世采椽不斲茅茨不翦無斲削之事磨礱之功大夫達棱楹士穎首庶人斧成木構而已今富者井幹增梁雕文檻脩堊憂壁飾古者衣服不中制器械不中用不粥於市今民間雕琢不中之物刻畫無用之器玩好玄黄雜青五色繡衣戲弄蒲人雜婦百獸馬戲鬭虎唐銻追人奇蟲胡妲古者諸侯不秣馬天子有命以車就牧庶人之乘者馬足以代其勞而已故行則服枙止則就犂今富者連車列

騎驂貳輜軿中者微輿短轂煩尾掌蹄夫一馬伏櫪當中家六口之食亡丁男一人之事古者庶人耋老而後衣絲其餘則麻枲而已故命曰布衣及其後則絲裏枲表直領無褘袍合不緣夫羅紈文繡者人君后妃之服也繭紬縑練者婚姻之嘉飾也是以文繒薄織不粥於市今富者縟繡羅紈中者素綈錦冰常民而被后妃之服褻人而居婚姻之飾夫紈素之賈倍縑縑之用倍紈也古者椎車無柔棧輿無植及其後木軨不衣長轂數幅蒲薦苙蓋蓋無染絲之飾大夫士則單複木具盤韋柔革常民染輿大軨蜀輪今

庶人富者銀黃華左搔結綏韜杠中者錯鑣塗采珥靳飛鈴古者鹿裘皮冒蹄足不去及其後大夫士狐貉縫腋羔麑豹袪庶人則毛絝衳彤樸羝皮傳今富者鼲鼦狐白鳧翥中者罽衣金縷燕鼦代黃古者庶人賤騎繩控革鞮皮廌而已及其後革鞍氂成鐵鑣不飾今富者韉耳銀鑷韉黃金琅勒罽繡弇汗垂珥胡鮮中者染韋紹系采畫暴乾古者汙尊抔飲蓋無爵觴樽俎及其後庶人器用即竹柳陶瓠而已唯瑚璉觴豆而後彫文彤漆今富者銀口黃耳金罍玉鍾中者舒玉紵器金錯蜀杯夫一文杯得銅杯十賈賤

而用不殊箕子之譏始在天子今在匹夫古者燔黍
食稗而燀豚以相饗其後鄉人飲酒老者重豆少者
立食一醬一肉旅飲而已及其後賓婚相召則豆羹
白飯綦膾熟肉今民間酒食殽旅重疊燔炙滿案臑
鼈膾腥麑卵鶉鷃橙枸鮐鱧醯醢衆物雜味古者庶
人春夏耕耘秋冬收藏昏晨力作夜以繼日詩云晝
爾于茅宵爾索綯亟其乘屋其始播百穀非膢臘不
休息非祭祀無酒肉今賓昏酒食接連相因折醒什
半棄事相隨慮無乏日古者庶人糲食藜藿非鄉飲
酒膢臘祭祀無酒肉故諸侯無故不殺牛羊大夫士

無故不殺犬豕今閭巷縣佰阡伯屠沽無故烹殺相
聚野外負粟而往挈肉而歸夫一豕之肉得中年之
收十五斗粟當丁男半月之食古者庶人魚菽之祭
春秋脩其祖祠士一廟大夫三以時有事于五祀蓋
無出門之祭今富者祈名嶽望山川椎牛擊鼓戲倡
儛像中者南居當路水上雲臺屠羊殺狗鼓瑟吹笙
貧者雞豕五芳衛保散臘傾蓋社場古者德行求福
故祭祀而寬仁義求吉故卜筮而希今世俗寬於行
而求於鬼怠於禮而篤於祭嫚親而貴勢至妄而信
日聽訑言而幸得出實物而享虛福古者君子夙夜

孳孳思其德小人晨昏孜孜思其力故君子不素飡
小人不空食世俗飾僞行詐爲民巫祝以取釐謝堅
頟健舌或以成業致富故憚事之人釋本相學是以
街巷有巫閭里有祝古者無杠樠之寢牀栘之案及
其後世庶人即采木之杠葉華之樠士不斤成大夫
葦莞而已今富者黼繡帷幄塗屏錯跗中者錦綈高
張采畫丹漆古者皮毛草蓐無茵席之加旃蒻之美
及其後大夫士復薦草緣蒲平單莞庶人即草蓐索
經單藺籧篨而已今富者繡茵翟柔蒲子露林中者
獏皮代旃闒坐平莞古者不粥絍不市食及其後則

有屠沽沽酒市脯魚鹽而已今熟食徧列殽施成市作業墮怠食必趣時楊豚韭卵狗腤馬朘煎魚切肝羊淹雞寒蜩馬駱日蹇捕庯脯腼羔豆賜鷇膹鴈羹自鮑甘瓠熟粱和炙古者土鼓凷枹擊木拊石以盡其歡及後卿大夫有管磬士有琴瑟往者民間酒會各以黨俗彈箏鼓缶而已無要妙之音變羽之轉今富者鍾鼓五樂歌兒數曹中者鳴竽調瑟鄭儛趙謳古者瓦棺容尸木板堲周足以收形骸藏髮齒而已及其後桐棺不衣采槨不斲今富者繡牆題湊中者梓棺楩槨貧者畫荒衣袍繒囊緹橐古者明器有形

論六　五

無實示民不用也及其後則有醯醢之藏桐馬偶人彌祭其物不備今厚資多藏器用如生人郡國繇吏素桑楺偶車櫓輪匹夫無貌領桐人衣紈綈古者不封不樹反虞祭於寢無壇宇之居廟堂之位及其後則封之庶人之墳半仞其高可隱今富者積土成山列樹成林臺榭連閣集觀增樓中者祠堂屏閤垣闕罘罳古者鄰有喪舂不相杵巷不歌謠孔子食於有喪者之側未嘗飽也子於是日哭則不歌今俗因人之喪以求酒肉幸與小坐而責辨歌舞俳優連笑伎戲古者男女之際尚矣嫁娶之服未之以記及虞夏

之後蓋表布内絲骨笄象珥封君夫人加錦尚褧而已今富者皮衣朱貉繁路環佩中者長裾交褘璧端簪珥古者事生盡愛送死盡哀故聖人爲制節非虚加之今生不能致其愛敬死以奢侈相高雖無哀戚之心而厚葬重幣者則稱以爲孝顯名立於世光榮著於俗故黎民相慕效至於發屋賣業古者夫婦之好一男一女而成家室之道及後士一妾大夫二諸侯有姪娣九女而已今諸侯百數卿大夫十數中者侍御富者盈室是以女或曠怨失時男或放死無匹古者凶年不備豐年補敗仍舊貫而不改作今工異

變而吏殊心壞敗成功以匿厥意意極乎功業務存乎面目積功以市譽不恤民之急田野不辟而飾亭落邑居丘墟而高其郭古者不以人力徇於禽獸不奪民財以養狗馬是以財衍而力有餘今猛獸奇蟲不可以耕耘而令當耕耘者養食之百姓或短褐不完而犬馬衣文繡黎民或糠糟不接而禽獸食肉古者人君敬事愛下使民以時天子以天下爲家臣妾各以其時供公職今古之通義也今縣官多畜奴婢坐稟衣食私作產業爲姦利力作不盡縣官失實百姓或無斗筲之儲官奴累百金黎民昏晨不釋事奴

婢垂拱遨遊也古者親近而疏遠貴所同而賤非類不賞無功不養無用今蠻貊無功縣官居肆廣屋大第坐稟衣食百姓或旦暮不贍蠻夷或厭酒肉黎民泮汗力作今蠻夷交脛肆踞古者庶人鹿菲草芰縮絲尚韋而已及其後則綦下不借鞔鞮革舄今富者革中名工輕靡使容紈裏紃下越端縱緣中者鄧里閒作蒯苴秦堅婢妾韋沓絲履走者茸芰狗官古聖人勞躬養神節欲適情尊天敬地履德行仁是以上天歆焉永其世而豐其年故堯秀眉高彩享國百載及秦始皇覽怪迂信禨祥使盧生求羨門高徐市等

入海求不死之藥當此之時燕齊之士釋鋤耒爭言神仙方士於是趣咸陽者以千數言仙人食金飲珠然後壽與天地相保於是數巡狩五嶽濱海之館以求神仙蓬萊之屬數幸之郡縣富人以貲佐貧者築道旁其後小者亡逃大者藏匿吏捕索掣頓不以道理名宮之旁廬舍丘落無生苗立樹百姓離心怨思者十有半書曰享多儀儀不及物曰不享故聖人非仁義不載於己非正道不御於前是以先帝誅文成五利等宣帝建學官親近忠良欲以絕怪惡之端而昭至德之塗也宮室奢侈林木之蠹也器械雕琢財

用之蠹也衣服靡麗布帛之蠹也狗馬食人之食五穀之蠹也口腹從恣魚肉之蠹也用費不節府庫之蠹也漏積不禁田野之蠹也喪祭無度傷生之蠹也墮成變故傷功工商上通傷農故一杯棬用百人之力一屏風就萬人之功其爲害亦多矣目修於五色耳營於五音體極輕薄口極甘脆功積於無用財盡於不急口腹不可爲多故國病聚不足即政怠人病聚不足則身危丞相曰治聚不足柰何

救匱第三十

賢良曰蓋橈枉者過直救文者以質昔者晏子相齊

一狐裘三十載故民奢示之以儉民儉示之以禮方今公卿大夫子孫誠能節車輿適衣服躬親節儉率以敦朴罷園池損田宅内無事乎市列外無事乎山澤農夫有所施其功女工有所粥其業如是則氣脉和平無聚不足之病矣大夫曰孤子語孝躄者語杖貧者語仁賤者語治議不在己者易稱從旁議者易是其當局則亂故公孫弘布被倪寬練袍衣若僕妾食若庸夫淮南逆於内蠻夷暴於外盜賊不爲禁奢侈不爲節若疫歲之巫徒能鼓口耳何散不足之能治乎賢良曰高皇帝之時蕭曹爲公滕灌之屬爲卿

濟濟然斯則賢矣文景之際建元之始大臣尚有爭引守正之義自此之後多承意從欲少敢直言面議而正刺因公而徇私故武安丞相訟園田爭曲直人主之前夫九層之臺一傾公輸子不能正本朝一邪伊望不能復故公孫丞相倪大夫側身行道分禄以養賢卑己以下士功業顯立日力不足無行人子產之繼而葛繹彭侯之等隳壞其緒紕亂其紀毁其客館議堂以爲馬廐婦舍無養士之禮而尚驕矜之色廉耻陵遲而爭於利矣故良田廣宅民無所之不耻爲利者滿朝市列田畜者彌郡國横暴掣頓大第巨

舍之旁道路且不通此固難醫而不可爲工大夫勃然作色默而不應

鹽鐵箴石第三十一

丞相曰吾聞諸鄭長孫曰君子正顏色則遠暴嫚出辭氣則遠鄙倍矣故言可述行可則此有司夙昔所願覩也若夫劍客論博奕辯盛色而相蘇秦立權以不相假使有司不能取賢良之議而賢良文學被不遜之名竊爲諸生不取也公孫龍有言曰論之爲道辯故不可以不屬意屬意相寬相寬其歸爭爭而不讓則入於鄙今有司以不仁又蒙素飡無以更責雪

耻矣縣官所招舉賢良文學而及親民偉仕亦未見其能用箴石而醫百姓之疾也賢良曰賈生有言曰懇言則辭淺而不入深言則逆耳而失指故曰談何容易談且不易而況行之乎此胡建所以不得其死而吴得幾不免於患也語曰五盜執一良人枉木惡直繩今欲下箴石通關鬲則恐有盛胡之累懷箴橐艾則被不工之名狼跋其胡載踕其尾君子之路行止之道固狹耳此子石所以歎息也

除狹第三十二

大夫曰賢者處大林遭風雷而不迷愚者雖處平敞

大路猶暗惑焉今守相親剖符贊拜莅一郡之衆古方伯之位也受命專制宰割千里不御於内善惡在於己己不能故耳道何狹之有哉賢良曰古之進士也鄉擇而里選論其才能然後官之勝職任然後爵而禄之故士修之鄉曲升諸朝廷行之幽隱明足顯著疏遠無失士小大無遺功是以賢者進用不肖者簡黜今吏道壅而不選富者以財賈官勇者以死射功戲車鼎躍咸出補吏累功積日或至卿相垂青繩擐銀龜擅殺生之柄專萬民之命弱者猶使羊將狼也其亂必矣強者則是予狂夫利劍也必妄殺生也

是以往者郡國黎民相乘而不能理或至鋸頸殺不辜而不能正執綱紀非其道蓋博亂愈甚古者封賢禄能不過百里百里之中而爲都疆垂不過五十猶以爲一人之身明不能照聰不得達故立卿大夫士以佐之而政治乃備今守相或無古諸侯之賢而蒞千里之政主一郡之衆施聖主之德擅生殺之法至重也非仁人不能任非其人不能行一人之身治亂在己千里與之轉化不可不熟擇也故人主有私人以財不私人以官懸賞以待功序爵以俟賢舉善若不足黜惡若仇讎固爲其非功而殘百姓也夫傅主

德開臣途在於選賢而器使之擇練守相然後任之

疾貪第三十三

大夫曰然爲醫以拙矣又多求謝爲吏既多不良矣又侵漁百姓長吏厲諸小吏小吏厲諸百姓故不患擇之不熟而患求之與得異也不患其不足也患其貪而無厭也賢良曰古之制爵禄也卿大夫足以潤賢厚士足以優身及黨庶人爲官者足以代其耕而食其禄今小吏禄薄郡國繇役遠至三輔粟米貴不足相贍常居則匱於衣食有故則賣畜粥業非徒是也繇使相遣官庭攝追小計權吏行施乞貸長吏侵

漁上府，下求之縣，縣求之鄉，鄉安取之哉？語曰：「貨賂下流，猶水之赴下，不竭不止。」今大川江河飲巨海，巨海受之，而欲谿谷之讓流潦；百官之廉，不可得也。夫欲影正者端其表，欲下廉者先之身。故貪鄙在率不在下，教訓在政不在民也。大夫曰：賢不肖有質，而貪鄙有性，君子內潔己而不能純教於彼。故周公非不正管蔡之邪，子產非不正鄧晳之僞也。夫內不從父兄之教，外不畏刑法之罪，周公、子產不能化，必也。今一二則責之有司，有司豈能縛其手足而使之無爲非哉？賢良曰：駟馬不馴，御者之過也。百姓不治，有司之罪也春秋刺譏不及庶人責其率也故古者大夫將臨刑聲色不御刑以當矣猶三巡而嗟歎之其耻不能以化而傷其不全也政教闇而不著百姓顛蹶而不扶猶赤子臨井焉聽其入也若此則何以爲民父母故君子急於教緩於刑刑一而正百殺一而慎萬是以周公誅管蔡而子産誅鄧晳也刑誅一施民遵禮義矣夫上之化下若風之靡草無不從教何一一而縛之也

後刑第三十四

大夫曰古之君子善善而惡惡人君不畜惡民農夫

不畜無用之苗無用之苗苗之害也無用之民民之賊也鉏一害而衆苗成刑一惡而萬民悅雖周公孔子不能釋刑而用惡家之有鉏子器皿不居況鉏民乎民者教於愛而聽刑故刑所以正民鉏所以别苗也賢良曰古者篤教以導民明辟以正刑刑之於治猶策之於御也良工不能無策而御有策而勿用聖人假法以成教教成而刑不施故威厲而不殺刑設而不犯今廢其紀綱而不能張壞其禮義而不能防民陷於罔從而獵之以刑是猶開其闌牢發以毒矢也不盡不止曾子曰上失其道民散久矣如得其情

即哀矜而勿喜夫不傷民之不治而伐已之能得姦猶弋者覩鳥獸挂罻羅而喜也今天下之被誅者不必有管蔡之邪鄧晳之僞恐苗盡而不別民欺而不治也孔子曰人而不仁疾之已甚亂也故民亂反之政政亂反之身身正而天下定是以君子嘉善而矜不能恩及刑人德潤窮夫施惠悅爾行刑不樂也

授時第三十五

大夫曰共其地居是世也非有災害疾疫獨以貧窮非惰則奢也無奇業旁入而猶以富給非儉則力也今日施惠悅爾行刑不樂則是閔無行之人而養惰

奢之民也故妄予不爲惠惡者不爲仁賢良曰三代之盛無亂萌教也夏商之季世無順民俗也是以王者設庠序明教化以防道其民及政教之洽性仁而喻善故禮義立則耕者讓於野禮義壞則君子爭於朝人爭則亂亂則天下不均故或貧或富富則仁生贍則民爭止昏暮叩人門戶求水火貪夫不恡何則所饒也夫爲政而使菽粟如水火民安有不仁者乎大夫曰博戲馳逐之徒皆富人子弟非不足者也故民饒則僭侈富則驕奢坐而委蛇起而爲非未見其仁也夫居事不力用財不節雖有財如水火窮乏

可立而待也有民不畜有司雖助之耕織其能足之乎賢良曰周公之相成王也百姓饒樂國無窮乏之人非代之耕織也易其田疇薄其稅斂則民富矣上以奉君親下無飢寒之憂則教可成也語曰既富矣又何加焉曰教之以德齊之以禮則民從義而從善莫不入孝出悌夫何奢侈暴慢之有管子曰倉廩實而知禮節百姓足而知榮辱故民易與適禮難與適道

大夫曰縣官之於百姓若慈父之於子也忠焉能勿誨乎愛之而勿勞乎故春親耕以勸農賑貸以贍不足通滀水出輕繫使民務時也蒙恩被澤而至今猶

以貧困其難與適道若是夫賢良曰古者春省耕以補不足秋省斂以助不給民勤於財則貢賦省民勤於力則功業牢爲民愛力不奪須臾故召伯聽斷於甘棠之下爲妨農業之務也今時雨澍澤種懸而不得播秋稼零落乎野而不得收田疇赤地而停落成市發春而後懸青幡而策土牛殆非明主勸耕稼之意而春令之所謂也

水旱第三十六

大夫曰禹湯聖主后稷伊尹賢相也而有水旱之災水旱天之所爲饑穰陰陽之運也非人力故太歲之

數在陽爲旱在陰爲水六歲一饑十二歲一荒天道然殆非獨有司之罪也賢良曰古者政有德則陰陽調星辰理風雨時故循行於內聲聞於外爲善於下福應於天周公載紀而天下太平國無天傷歲無荒年當此之時雨不破塊風不鳴條旬而一雨雨必以夜無丘陵高下皆熟詩曰有渰萋萋興雨祁祁今不省其所然而曰陰陽之運也非所聞也孟子曰野有餓殍不知收也狗豕食人食不知檢也爲民父母民饑而死則曰非我也歲也何異乎以刃殺之則曰非我也兵也方今之務在除饑寒之患罷鹽鐵退權利

分土地趣本業養桑麻盡地力也寡功節用則民自富如是則水旱不能憂凶年不能累也大夫曰議者貴其辭約而指明可於衆人之聽不至繁文稠辭多言害有司化俗之計而家人語陶朱爲生本末異徑一家數事而治生之道乃備今縣官鑄農器使民務本不營於末則無饑寒之累鹽鐵何害而罷賢良曰農天下之大業也鐵器民之大用也器用便利則用力少而得作多農夫樂事勸功用不具則田疇荒穀不殖用力鮮功自半器便與不便其功相什而倍也縣官鼓鑄鐵器大抵多爲大器務應員程不給民用

民用鈍弊割草不痛是以農夫作劇得獲者少百姓苦之矣大夫曰卒徒工匠以縣官日作公事財用饒器用備家人合會褊於日而勤於用鐵力不銷鍊堅柔不和故有司請捴鹽鐵一其用平其賈以便百姓公私雖虞夏之爲治不易於此吏明其教工致其事則剛柔和器用便此則百姓何苦而農夫何疾賢良曰卒徒工匠故民得占租鼓鑄煮鹽之時鹽與五穀同賈器和利而中用今縣官作鐵器多苦惡用費不省卒徒煩而力作不盡家人相一父子戮力各務爲善器器不善者不集農事急輓運衍之阡陌之閒民

相與市買得以財貨五穀新弊易貨或時貰民不棄作業置田器各得所欲更繇省約縣官以徒復作繕治道橋諸發民便之今總其原壹其賈器多堅硜善惡無所擇吏數不在器難得家人不能多儲多儲則鎮生棄膏腴之日遠市田器則後良時鹽鐵賈貴百姓不便貧民或木耕手耨土耰啖食鐵官賣器不售或頗賦與民卒徒作不中呈時命助之發徵無限更繇以均劇故百姓疾苦之古者千室之邑百乘之家陶冶工商四民之求足以相更故農民不離畦畝而足乎田器工人不斬伐而足乎陶冶不耕田而足乎

粟米百姓各得其便而上無事焉是以王者務本不作末去炫燿除雕琢湛民以禮示民以樸是以百姓務本而不營於末

鹽鐵論卷第六

鹽鐵論卷第七

崇禮第三十七　備胡第三十八　執務第三十九
能言第四十　鹽鐵取下四十一　擊之第四十二

崇禮第三十七

大夫曰飾几杖脩樽俎爲賓非爲主也炫燿奇怪所以陳四夷非爲民也夫家人有客尚有倡優奇變之樂而況縣官乎故列羽旄陳戎馬以示威武奇蟲珍怪所以示懷廣遠明德遠國莫不至也賢良曰王者崇禮施德上仁義而賤怪力故聖人絕而不言孔子曰言忠信行篤敬雖蠻貊之邦不可棄也今萬方絕

國之君奉贄獻者懷天子之盛德而欲觀中國之禮儀故設明堂辟雍以示之揚干戚昭雅頌以風之今乃玩好不用之器奇蟲不畜之獸角抵諸戲炫燿之物陳夸之殆與周公之待遠方殊昔周公處謙以卑士執禮以治下天下辭越裳之贄見恭讓之禮既與入文王之廟是見大孝之禮也目覩威儀干戚之容耳聽清歌雅頌之聲心充至德欣然以歸此四夷所以慕義内附非重譯狄鞮來觀猛獸熊羆也夫犀象兕虎南夷之所多也騾驢馲駞北狄之常畜也中國所鮮外國賤之南越以孔雀珥門戶崐山之旁以玉

璞抵烏鵲今貴人之所賤珍人之所饒非所以厚中國明盛德也隋和之名寶也而不能安危存亡故喻德示威惟賢臣良相不在犬馬珍怪是以聖王以賢爲寶不以珠玉爲寶昔晏子脩之罇俎之閒而折衝乎千里不能者雖隋和滿篋無益於存亡大夫曰晏子相齊三君崔慶無道刼其君亂其國靈公同閨莊公弑死景公之時晉人來攻取垂都舉臨菑邊邑削城郭焚宮室隳寶器盡何衝之所能折乎由此觀之賢良所言賢人爲寶則損益無輕重也賢良曰管仲去魯入齊齊霸魯削非恃其衆而歸齊也伍子胥挾

弓干闔閭破楚入郢非負其兵而適吳也故賢者所在國重所去國輕楚有子玉得臣文公側席虞有宮之奇晉獻不寐夫臣所在辟除開塞者亦遠矣故春秋曰山有虎豹葵藿爲之不採國有賢士邊境爲之不害也

備胡第三十八

大夫曰鄙語曰賢者容不辱以世俗言之鄉曲有桀人尚辟之今明天子在上匈奴公爲寇侵擾邊境是仁義犯而藜藿不採昔狄人侵太王匡人畏孔子故不仁者仁之賊也是以縣官厲武以討不義設機械

以備不仁賢良曰匈奴處沙漠之中生不食之地天所賤而棄之無壇宇之居男女之别以廣野爲閭里以穹廬爲家室衣皮蒙毛食肉飲血會市行牧豎居如中國之麋鹿耳好事之臣求其義責之禮使中國干戈至今未息萬里設備此兔罝之所刺故小人非公侯腹心干城也大夫曰天子者天下之父母也四方之衆其義莫不願爲臣妾然猶脩城郭設關梁厲武士備衛於宮室所以遠折難而備萬方者也今匈奴未臣雖無事欲釋備如之何賢良曰吴王所以見禽於越者以其越近而陵遠也秦所以亡者以外備

胡越而內亡其政也夫用軍於外政敗於內備爲所患增主所憂故人主得其道則遐邇潛行而歸之文王是也不得其道則臣妾爲寇秦王是也夫文衰則武勝德盛則備寡大夫曰往者四夷俱強並爲寇虐朝鮮踰徼刧燕之東地東越東海略浙江之南南越內侵滑服令氐棘人冉駹嶲唐昆明之屬擾隴西巴蜀今三垂已平唯北邊未定夫一舉則匈奴中外震懼釋備而何寡也賢良曰古者君子立仁脩義以綏其民故邇者習善遠者順之是以孔子仕於魯前仕三月及齊平後仕三月及鄭平務以德安近而綏遠

當此之時魯無敵國之難鄰境之患强臣變節而忠順故季桓隳其都城大國畏義而合好齊人來歸鄆讙龜陰之田故爲政而以德非獨辟害折衝也所欲不求而自得今百姓所以囂囂中外不寧者咎在匈奴內無室宇之守外無田疇之積隨美草甘水而驅牧匈奴不變業而中國以騷動矣風合而雲解就之則亡擊之則散未可一世而舉也大夫曰古者明王討暴衛弱定傾扶危則小國之君悅討暴定傾則無罪之人附今不征伐則暴害不息不備則是以黎民委敵也春秋貶諸侯之後刺不卒戍行役戍備自古

有之非獨今也賢良曰匈奴之地廣大而戎馬之足輕利其勢易騷動也利則虎曳病則鳥折辟鋒銳而牧罷極少發則不足以更適多發則民不堪其役役煩則力罷用多則財乏二者不息則民遺怨此秦之所失民心隕社稷也古者天子封畿千里繇役五百里勝聲相聞疾病相恤無過時之師無踰時之役內節於民心而事適其力是以行者勸務而止者安業今山東之戎馬甲士戍邊郡者絕殊遼遠身在胡越心懷老母老母垂泣室婦悲恨推其飢渴念其寒苦詩云昔我往矣楊柳依依我今來思雨雪霏霏行道

遲遲載渴載飢我心傷悲莫之我哀故聖人憐其如此閔其久去父母妻子暴露中野居寒苦之地故春使使者勞賜舉失職者所以哀遠民而慰撫老母也德惠甚厚而吏未稱奉職承詔以存恤或侵侮士卒與之爲市并力兼作使之不以理故也士卒失職而老母妻子感恨也宋伯姬愁思而宋國火魯妾不得意而魯寢災今天下不得其意者非獨西宮之女宋之老母也春秋動衆則書重民也宋人圍長葛譏久役也君子之用心必若是大夫默然不對

執務第三十九

丞相曰先王之道軼人而難復賢良文學之言深遠
而難行夫稱上聖之高行道至德之美言非當世之
所能及也願聞方今之急務可復行於政使百姓咸
足於衣食無乏困之憂風雨時五穀熟螟螣不生天
下安樂盜賊不起流人還歸各反其田里吏皆廉正
故以奉職元元各得其理也賢良曰孟子曰堯舜之
道非遠人也而人不思之耳詩云求之不得寤寐思
服有求如關雎好德如河廣何不濟不得之有故高
山仰止景行行止雖不能及離道不遠也顏淵曰舜
獨何人也回何人也夫思賢慕能從善不休則成康

之俗可致而唐虞之道可及公卿未思也先王之道何遠之有齊桓公以諸侯思王政憂周室匡諸夏之難平夷狄之亂存亡接絶信義大行著于天下邵陵之會予之爲主傳曰予積也故土積而成山阜水積而成江海行積而成君子孔子曰吾於河廣知德之至也而欲得之各反其本復諸古而已古者行役不踰時春行秋反秋行春來寒暑未變衣服不易固已還矣夫婦不失時人安和如適獄訟平刑罰得則陰陽調風雨時上不苛擾下不煩勞各脩其業安其性則螟螣不生而水旱不起賦歛省而農不失時則百

姓足而流人歸其田里上清靜而不欲則下廉而不貪若今則繇役極遠盡寒苦之地危難之處涉胡越之域今兹往而來歲旋父母延頸而西望男女怨曠而相思身在東楚志在西河故一人行而鄉曲恨一人死而萬人悲詩云王事靡盬不能藝稷黍父母何怙念彼恭人涕零如雨豈不懷歸畏此罪罟吏不奉法以存撫倍公任私各以其權充其嗜欲人愁苦而怨思上不恤理則惡政行而邪氣作邪氣作則蟲螟生而水旱起若此雖禱祀雩祝用事百神無時豈能調陰陽而息盜賊矣

能言第四十

大夫曰：盲者口能言白黑，而無目以別之；儒者口能言治亂，無能以行之。夫坐言不行，則牧童兼烏獲之力，逢須苞堯舜之德。故使言而近，則儒者何患於治亂，而盲人何患於白黑哉？言之不出，恥躬之不逮。故卑而言高，能言而不能行者，君子恥之矣。賢良曰：能言而不能行者，國之寶也；能行而不能言者，國之用也。兼此二者，君子也。無一者，烏獲逢須也。言滿天下，德覆四海，周公是也。口言之，躬行之，豈若默然載施其行而已。則執事亦何患何恥之有？今道不舉而務小利慕於不急以亂羣意君子雖貧勿爲可也藥酒病之利也正言治之藥也公卿誠能自強自忍食文學之至言去權詭罷利官一歸之於民親以周公之道則天下治而頌聲作儒者安得治亂而患之乎

鹽鐵取下第四十一

大夫曰不軌之民困橈公利而欲擅山澤從文學賢良之意則利歸於下而縣官無可爲者上之所行則非之上之所言則譏之專欲損上徇下虧主而適臣尚安得上下之義君臣之禮而何頌聲能作也賢良曰古者上取有量自養有度樂歲不盜年饑則肆用

民之力不過歲三日籍斂不過十一君篤愛臣盡力上下交讓天下平浚發爾私上讓下也遂及我私先公職也孟子曰未有仁而遺其親義而後其君也君君臣臣何爲其無禮義乎及周之末塗德惠塞而嗜欲衆君奢侈而上求多民困於下怠於公乎是以有履畝之稅碩鼠之詩作也衛靈公當隆冬興衆穿池海春諫曰天寒百姓凍餒願公之罷役也公曰天寒哉我何不寒哉人之言曰安者不能恤危飽者不能食饑故餘粱肉者難爲言隱約處佚樂者難爲言勤苦夫高堂邃宇廣厦洞房者不知專屋狹廬上漏下

濕者之廇也繫馬百駟貨財充內儲陳納新者不知有旦無暮稱貸者之急廣第唐園良田連比者不知無運踵之業竄頭宅者之役也原馬被山牛羊滿谷者不知無孤豚瘠犢者之窶也高枕談臥無叫號者不知憂私責與吏正戚者之愁也被紈躡韋搏粱齧肥者不知短褐之寒糠粘之苦也從容房闈之閒垂拱持案食者不知蹠耒躬耕者之勤也乘堅驅良列騎成行者不知負檐步行者之難也同牀旃席侍御滿側者不知負輅輓船登高絕流者之難也衣輕暖被英裘處温室載安車者不知乘邊城飄胡代鄉清

風者之危寒也妻子好合子孫保之不知老母之顛頟匹婦之悲恨也耳聽五音目視弄優者不知蒙流矢距敵方外之死者也東嚮伏几振筆如文調者不知求索之急箠楚之痛者也坐旃茵之上安圖籍之言若易然亦不知步涉者之難也昔商鞅之任秦也刑人若刈菅茅用師若彈丸從軍旅者暴骨長城戍漕者輦車相望生而往死而旋彼獨非人子耶故君子仁以恕義以度所好惡與天下共之所不施不仁者公劉好貨居者有積行者有囊大王好色内無怨女外無曠夫文王作刑國無怨獄武王行師士樂爲

之死民樂爲之用若斯則民何苦而怨何求而譏公卿愀然寂若無人於是遂罷議止詞奏曰賢良文學不明縣官事猥以鹽鐵而爲不便請且罷郡國榷沽關内鐵官奏可

擊之第四十二

賢良曰文學既拜咸取列大夫辭丞相御史大夫曰前議公事賢良文學稱引往古頗乖世務論者不必相反期於可行往者縣官未事胡越之時邊城四面受敵北邊尤被其苦先帝絕三方之難撫從方國以爲蕃蔽窮極郡國以討匈奴匈奴壤界獸圈孤弱無

與此困亡之時也遼遠不遂使得復喘息休養士馬負給西域西域迫近胡寇沮心内解必爲巨患是以主上欲掃除煩倉廩之費也終日逐禽罷而釋之則非計也蓋舜紹緒禹成功今欲以小舉擊之何如文學曰異時縣官修輕賦公用饒人富給其後保胡越通四夷費用不足於是興利害筭車舡以訾助邊贖罪告緡與人以患矣甲士死於軍旅中士罷於轉漕仍之以科適吏徵發極矣夫勞而息之極而反本古之道也雖舜禹興不能易也大夫曰昔夏后底洪水之災百姓孔勤罷於籠臿及至其後咸享其功先帝

之時郡國頗煩於戎事然亦寬三陲之役語曰見機不遂者隕功一日違敵累世爲患休勞用供困弊乘時帝王之道聖賢之所不能失也功業有緒惡勞而不卒猶耕者勌休而困止也夫事輟者無功耕怠者無獲也文學曰地廣而不得者國危兵強而凌敵者身亡虎兕相據而螻蟻得志兩敵相機而匹夫乘閒是以聖王見利慮害見遠存近方今爲縣官計者莫若偃兵休士厚幣結和親修文德而已若不恤人之急不計其難弊持以窮無用之地亡十獲一非文學之所知也

鹽鐵論卷第七

鹽鐵論卷第八

結和第四十三　誅秦第四十四　伐功第四十五
西域第四十六　世務第四十七　和親第四十八

結和第四十三

大夫曰漢興以來修好結和親所聘遺單于者甚厚然不紀重質厚賂之故改節而暴害滋甚先帝覩其可以武折而不可以德懷故廣將帥招奮擊以誅厥罪功勳粲然著於海內藏於記府何命亡十獲一乎夫偷安者後危慮近者憂邇賢者離俗智士權行君子所慮衆庶疑焉故民可與觀成不可與圖始此有

司所獨見而文學所不覩文學曰往者匈奴結和親諸夷納貢即君臣外內相信無胡越之患當此之時上求寡而易贍民安樂而無事耕田而食桑麻而衣家有數年之稸縣官餘貨財閭里耆老或及其澤自是之後退文任武苦師勞衆以略無用之地立郡沙石之間民不能自守發屯乘城輓輦而贍之愚竊見其亡不覩其成大夫曰匈奴以虛名市於漢而實不從數爲蠻貊所紿不痛之何故也高皇帝仗劍定九州今以九州而不行於匈奴閭里常民尚有梟散況萬里之主與小國之匈奴乎夫以天下之力勤何不

權以天下之士民何不服今有帝名而威不信長城反賂遺而尚踞敖此五帝所不忍三王所畢怒也文學曰湯事夏而卒服之周事殷而卒滅之故以大御小者王以強凌弱者亡聖人不困其衆以兼國良御不困其馬以兼道故造父之御不失和聖人之治不倍德秦攝利銜以御宇内執脩箠以笞八極驂服以罷而鞭策愈加故有傾銜遺箠之變士民非不衆力勤非不多也皆内倍外附而莫爲用此高皇帝所以仗劍而取天下也夫兩主好合内外交通天下安寧世世無患士民何事三王何怒焉大夫曰伯翳之始

封秦地爲七十里穆公開霸孝公廣業自卑至上自
小至大故先祖基之子孫成之軒轅戰涿鹿殺兩暭
蚩尤而爲帝湯武伐夏商誅桀紂而爲王黄帝以戰
成功湯武以伐成孝故手足之勤腹腸之養也當世
之務後世之利也今四夷内侵不攘萬世必有此長
患先帝興義兵以誅暴強東滅朝鮮西定冉駹南擒
百越北挫強胡李牧追匈奴以廣北州湯武之舉蚩
尤之兵也故聖主斥地非私其利用兵非徒奮怒也
所以匡難辟害以爲黎民遠慮文學曰秦南禽勁越
北却強胡竭中國以役四夷人罷極而主不恤國内

潰而上不知是以一夫倡而天下和兵破陳涉地奪諸侯何嗣之所利詩云雍雍鳴鳱旭日始旦登得前利不念後咎故吳王知伐齊之便而不知干遂之患秦知進取之利而不知鴻門之難是以知一而不知十也周謹小而得大秦欲大而亡小語曰前車覆後車戒殷監不遠在夏后之世矣

誅秦第四十四

大夫曰秦楚燕齊周之封國也三晉之君齊之田氏諸侯家臣也內守其國外伐不義地廣壤進故立號萬乘而爲諸侯宗周室脩禮長文然國翦弱不能自

存東攝六國西畏於秦身以放遷宗廟絶祀賴先帝
大惠紹興其後封嘉潁川號周子男君秦旣并天下
東絶沛水并滅朝鮮南取陸梁北却胡狄西略氐羌
立帝號朝四夷舟車所通足迹所及靡不畢至非服
其德畏其威也力多則人朝力寡則朝於人矣文學
曰禹舜堯之佐也湯文夏商之臣也其所以從八極
而朝海内者非以陸梁之地兵革之威也秦楚三晉
號萬乘不務積德而務相侵搆兵爭強而卒俱亡雖
以進壤廣地如食葪之充腸也欲其安存何可得也
夫禮讓爲國者若江海流彌久不竭其本美也苟爲

無本若蒿火暴怒而無繼其亡可立而待戰國是也周德衰然後列於諸侯至今不絕秦力盡而滅其族安得朝人也大夫曰中國與邊境猶支體與腹心也夫肌膚寒於外腹腸疾於內內外之相勞非相爲助也脣亡則齒寒支體傷而心憯怛故無手足則支體廢無邊境則內國害昔者戎狄攻太王於邠踰岐梁而與秦界於涇渭東至晉之陸渾侵暴中國中國疾之今匈奴蠶食內侵遠者不離其苦獨邊境蒙其敗詩云憂心慘慘念國之爲虐不征備則暴害不息故先帝興義兵以征厥罪遂破祁連天山散其聚黨北

畧至龍城大圍匈奴單于失魂僅以身免乘奔逐北
斬首捕虜十餘萬控弦之民旃裘之長莫不沮膽挫
折遠遁遂乃振旅渾耶率其衆以降置五屬國以距
胡則長城之内河山之外罕被寇菑於是下詔令減
戍漕寬徭役初雖勞苦卒獲其慶文學曰周累世積
德天下莫不願以爲君故不勞而王恩施由近及遠
而蠻貊自至秦任戰勝以并天下小海内而貪胡越
之地使蒙恬擊胡取河南以爲新秦而亡其故秦築
長城以守胡而亡其所守往者兵革亟動師旅數起
長城之北旋車遺鏃相望及李廣利等輕計還馬足

莫不寒心雖得渾耶不能更所亡此非社稷之至計也

伐功第四十五

大夫曰齊桓公越燕伐山戎破孤竹殘令支趙武靈王踰句注過代谷略滅林胡樓煩燕襲走東胡辟地千里度遼東而攻朝鮮蒙公爲秦擊走匈奴若鷙鳥之追羣雀匈奴勢慴不敢南面而望十餘年及其後蒙公死而諸侯叛秦中國擾亂匈奴紛紛乃敢復爲邊寇夫以小國燕趙尚猶却寇虜以廣地今以漢國之大士民之力非特齊桓之衆燕趙之師也然匈奴

乂未服者羣臣不并力上下未諧故也文學曰古之用師非貪壤土之利救民之患也民思之若旱之望雨簞食壺漿以逆王師故憂人之患者民一心而歸之湯武是也不愛民之死力盡而潰叛者秦王是也孟子曰君不鄉道不由仁義而爲之強戰雖克必亡此中國所以擾亂非蒙恬死而諸侯叛秦昔周室盛也越裳氏來獻百蠻致貢其後周衰諸侯力征蠻貊分散各有聚黨莫能相一是以燕趙能得意焉其後匈奴稍強蠶食諸侯故破走月支氏因兵威徙小國引弓之民并爲一家一意同力故難制也前君爲先

帝畫匈奴之策兵據西域奪之便勢之地以候其變以漢之強攻於匈奴之衆若以強弩潰癰疽越之禽吳豈足道哉上以爲然用君之義聽君之計雖越王之任種蠡不過以搜粟都尉爲御史大夫持政十有餘年未見種蠡之功而見靡弊之効匈奴不爲加俛而百姓黎民以敝矣是君之策不能弱匈奴而反衰中國也善爲計者固若此乎

西域第四十六

大夫曰往者匈奴據河山之險擅田牧之利民富兵強行入爲寇則句注之内驚動而上郡以南咸城文

帝時虜入蕭關烽火通甘泉群臣懼不知所出乃請
屯京師以備胡胡西役大宛康居之屬南與群羌通
先帝推讓斥奪廣饒之地建張掖以西隔絶羌胡瓜
分其援是以西域之國皆内拒匈奴斷其右臂曳劒
而走故募人田畜以廣用長城以南濱塞之郡馬牛
放縱蓄積布野未覩其計之所過也夫以弱越而遂
意強吴才地計衆非鈞也主思臣謀其往必矣文學
曰吴越迫於江海三川循環之處於五湖之閒地相
迫壤相次其勢易以相禽也金鼓未聞旌旗未舒行
陣未定兵以接矣師無輜重之費士無乏絶之勞此

所謂食於廚倉而戰於門郊者也今匈奴牧於無窮之澤東西南北不可窮極雖輕車利馬不能得也況負重羸兵以求之乎其勢不相及也茫茫乎若行九皐未知所止皓皓乎若無網羅而漁江海雖及之三軍罷弊適遺之餌也故明王知其所無利以爲役不可數行而權不可久張也故詔公卿大夫賢良文學所以復枉興微之路公卿宜思百姓之急匈奴之害緣聖主之心定安平之業今乃留心於末計雖本議不順上意未爲盡於忠也大夫曰初貳師不克宛而還也議者故使人主不遂忿則西域皆瓦解而附於

胡胡得衆國而益強先帝絕奇聽行武威還襲宛宛
舉國以降効其器物致其寶馬烏孫之屬駭膽請爲
臣妾匈奴失魄奔走遁逃雖未盡服遠處寒苦墝埆
之地壯者死於祁連天山其孤未復故羣臣議以爲
匈奴困於漢兵折翅傷翼可遂擊服會先帝棄群臣
以故匈奴不革譬如爲山未成一簣而止度功業而
無斷成之理是棄與胡而資強敵也輟幾沮成爲主
計若斯亦未可謂盡忠也文學曰有司言外國之事
議者皆激一時之權不慮其後張騫言大宛之天馬
汗血安息之眞玉大鳥縣官既聞如甘水馬乃大興

師伐宛歷數期而後克之夫萬里而攻人之國兵未戰而物故過半雖破宛得寶馬非計也當此之時將卒方赤面而事四夷師旅相望郡國並發黎人困苦姦僞萌生盜賊並起守尉不能禁城邑不能止然後遣上大夫衣繡衣以興擊之當此時百姓元元莫必其命故山東豪傑頗有異心賴先帝聖靈斐然其咎皆在於欲畢匈奴而遠幾也爲主計若此可謂忠乎

世務第四十七

大夫曰諸生妄言議者令可詳用無徒守椎車之語滑稽而不可修夫漢之有匈奴譬若木之有蠹如人

有疾不治則寖以深故謀臣以爲擊奪以困極之諸生言以德懷之此有其語而不可行也諸生上無以似三王下無以似近秦令有司可舉而行當世安蒸庶而寧邊境者乎文學曰昔齊桓公内附百姓外綏諸侯存亡接絶而天下從風其後德虧行衰葵丘之會振而矜之叛者九國春秋刺其不崇德而崇力也故任德則强楚告服遠國不召而自至任力則近者不親小國不附此其效也誠上觀三王之所以昌下論秦之所以亡中述齊桓所以興去武行文廢力尚德罷關梁除障塞以仁義導之則北垂無寇虜之憂

中國無干戈之事矣大夫曰事不豫辨不可以應卒内無備不可以禦敵詩云誥爾民人謹爾侯度用戒不虞故有文事必有武備昔宋襄公倍楚而不備以取大辱焉身執囚而國幾亡故雖有誠信之心不知權變危亡之道也春秋不與夷狄中國爲禮爲其無信也匈奴貪狼因時而動乘可而發飆舉電至而欲以誠信之心金帛之寶而信無義之詐是猶親蹠蹻而扶猛虎也文學曰春秋王者無敵言其仁厚其德美天下賓服莫敢受交也德行延及方外舟車所臻足跡所及莫不被澤蠻貊異國重譯自至方此之時

天下和同君臣一德外內相信上下輯睦兵設而不試干戈閉藏而不用老子曰兕無所用其角螫蟲無所輸其毒故君仁莫不仁君義莫不義世安得跖蹻而親之乎大夫曰布心腹質情素信誠內感義形乎色宋華元楚司馬子反之相覩也符契內合誠有以相信也今匈奴挾不信之心懷不測之詐見利如前乘便而起潛進市側以襲無備是猶措重寶於道路而莫之守也求其不亡何可得乎文學曰誠信著乎天下醇德流乎四海則近者哥謳而樂之遠者執禽而朝之故正近者不以威來遠者不以武德義修而

任賢良也故民之於事辭佚而就勞於財也辭多而就寡上下交讓道路鴈行方此之時賤貨而貴德重義而輕利賞之不竊何寶之守也

和親第四十八

大夫曰昔徐偃行王義而滅好儒而削知文而不知武知一而不知二故君子篤仁以行然必築城以自守設械以自備爲不仁者之害己也是以古者蒐獮振旅而數軍實焉恐民之愉佚而亡戒難故兵革者國之用城壘者國之固也而欲罷之是去表見裏示匈奴心腹也匈奴輕舉潛進以襲空虛是猶不介而

當矢石之蹊禍必不振此邊境之所懼而有司之所憂也文學曰往者通關梁交有無自單于以下皆親漢内附往來長城之下其後王恢誤謀馬邑匈奴絶和親故當路結禍紛拏而不解兵連而不息邊民不解甲弛弩行數十年介冑而耕耘鉏耰而候望燧燔烽舉丁壯弧弦而出鬭老者超越而入葆言之足以流涕寒心則仁者不忍也詩云投我以桃報之以李未聞善往而有惡來者故君子敬而無失與人恭而有禮四海之内皆爲兄弟也故内省不疚夫何憂何懼大夫曰自春秋諸夏之君會聚相結三會之後乖

離相疑伐戰不止六國從親冠帶相接然未嘗有堅約況禽獸之國乎春秋存君在楚詰鼬之會書公紿夷狄也匈奴數和親而常先犯約貪侵盜驅長詐謀之國也反復無信百約百叛若朱象之不移商均之不化而欲信其用兵之備親之以德亦難矣文學曰王者中立而聽乎天下德施方外絕國殊俗臻於闕庭鳳皇在列樹騏驎在郊藪群生庶物莫不被澤非足行而仁辦之也推其仁恩而皇之誠也范蠡出於越由余長於胡皆爲霸王賢佐故政有不從之教而世無不可化之民詩云酌彼行潦挹彼注茲故公劉

處戎狄戎狄化之大王去豳豳民隨之周公修德而越裳氏來其從善如影響爲政務以德親近何憂於彼之不改

鹽鐵論卷第八

鹽鐵論卷第九

繇役第四十九　險固第五十　論勇第五十一
論功第五十二　論鄒第五十三　論菑第五十四

繇役第四十九

大夫曰屠者解分中理可横以手而離也至其抽筋鑿骨非行金斧不能決聖主循性而化有不從者亦將舉兵而征之是以湯誅葛伯文王誅犬夷及後戎狄猾夏中國不寧周宣王仲山甫式遏寇虐詩云薄伐玁狁至于太原出車彭彭城彼朔方自古明王不能無征伐而服不義不能無城壘而禦强暴也文學

曰舜執干戚而有苗服文王底德而懷四夷詩云鎬京辟雍自西自東自南自北無思不服普天之下惟人面之倫莫不引領而歸其義故畫地爲境人莫之犯子曰白刃可冒中庸不可入至德之謂也故善攻不待堅甲而克善守不待渠梁而固武王之伐殷也執黄鉞誓牧之野天下之士莫不願爲之用既而偃兵搢笏而朝天下之民莫不願爲之臣既以義取之以德守之秦以力取之以法守之本末不得故亡夫文猶可長用而武難久行也大夫曰詩云獫狁孔熾我是用戒武夫潢潢經營四方故守禦征伐所由來

久矣春秋譏戎驪未至豫禦之故四支強而躬體固華葉茂而本根據故飭四境所以安中國也發戍漕所以審勞佚也主憂者臣勞上危者下死先帝憂百姓不贍出禁錢解乘輿驂貶樂損膳以賑窮備邊費未見報施之義而見沮成之理非所聞也文學曰周道衰王迹熄諸侯爭強大小相凌是以強國務侵弱國設備甲士勞戰陣役於兵革故君勞而民困苦也今中國爲一統而方内不安徭役遠而外内煩也古者無過年之繇無踰時之役今近者數千里遠者過萬里歷二期長子不還父母愁憂妻子詠歎憤懣之

恨發動於心慕思之積痛於骨髓此杕杜采薇之所爲作也

險固第五十

大夫曰虎兕所以能執熊羆服羣獸者爪牙利而攫便也秦所以超諸侯吞天下并敵國者險阻固而勢居然也故龜猬有介狐貉不能禽蝮蛇有螫人忌而不輕故有備則制人無備則制於人故仲山甫補袞職之闕蒙公築長城之固所以備寇難而折衝萬里之外也今不固其外欲安其內猶家人不堅垣牆狗吠夜驚而闇昧妄行也文學曰秦左殽函右隴阺前

蜀漢後山河四塞以爲固金城千里良將勇士設利器而守陘隧墨子守雲梯之械也以爲雖湯武復生蚩尤復起不輕攻也然戍卒陳勝無將帥之任師旅之衆奮空拳而破百萬之師無牆籬之難故在德不在固誠以行義爲阻道德爲塞賢人爲兵聖人爲守則莫能入如此則中國無狗吠之驚而邊境無鹿駭狼顧之憂矣夫何妄行而之乎大夫曰古者爲國必察土地山陵阻險天時地利然後可以王霸故制地城郭飭溝壘以禦寇固國春秋曰冬浚洙脩地利也三軍順天時以實擊虛然固於阻險敵於金城楚莊

之圉宋秦師敗崤嶔崟是也故曰天時地利羌胡固近於邊今不敢取必爲四境長患此季孫之所以憂顓臾有句踐之變而爲強吳之所悔也文學曰地利不如人和武力不如文德周之致遠不以地利以人和也百世不奪非以險以德也吳有三江五湖之難而兼於越楚有汝淵滿堂之固而滅於秦秦有隴阺崤塞而亡於諸侯晉有河華九河而奪於六卿齊有泰山巨海而負於田常桀紂有天下兼於濟亳秦王以六合困於陳涉非地利不固無術以守之也釋邇憂遠猶吳不內定其國而西絶淮山與齊晉爭強也

越因其罷擊其虛使吳王用申胥修德無恃極其衆則句踐不免爲藩臣海崖何謀之敢慮也大夫曰楚自巫山起方城屬巫黔中設扞關以拒秦秦包商洛崤函以禦諸侯韓阻宜陽伊闕要成皋太行以安周鄭魏濱洛築城阻山帶河以保晉國趙結飛狐句注孟門以存荊代燕塞碣石絕邪谷繞援遼齊撫阿甄關榮歷倚太山負海河潔關者邦國之固而山川社稷之寶也徐人滅舒春秋謂之取惡其無備得物之易也故恤來兵仁傷刑君子爲國必有不可犯之難易曰重門擊柝以待暴客言備之素脩也文學曰阻

險不如阻義昔湯以七千里爲政於天下舒以百里亡於敵國此其所以見惡也使關梁足恃六國不兼於秦河山足保秦不亡於楚漢由此觀之衝隆不足爲強高城不足爲固行善則昌行惡則亡王者博愛遠施外内合同四海各以其職來祭何擊拓而待傳曰諸侯之有關梁庶人之有爵禄非升平之興蓋自戰國始也

論勇第五十一

大夫曰荆軻懷數年之謀而事不就者三尺匕首不足恃也秦王憚於不意列斷賁育介七尺之利也使

專諸空拳不免於爲禽要離無水不能遂其功世言強楚勁鄭有犀兕之甲棠谿之鋌也内據金城外任利兵是以威行諸夏強服敵國故孟賁奮臂衆人輕之怯夫有備其氣自倍況以吴楚之士舞利劍蹶強弩以與貉虜騁於中原一人當百不足道也夫如此則胡無守谷貉無交兵力不支漢其勢必降此商君之走魏而孫臏之破梁也文學曰楚鄭之棠谿墨陽非不利也犀軸兕甲非不堅也然而不能存者利不足恃也秦兼六國之師據崤函而御宇内金石之固莫耶之利也然陳勝無士民之資甲兵之用鉏耰棘

櫑以破衝隆武昭不擊烏號不發所謂金城者非謂築壤而高土鑿地而深池也所謂利兵者非謂吳越之鋌干將之劒也言以道德爲城以仁義爲郭莫之敢攻莫之敢入文王是也以道德爲軸以仁義爲劒莫之敢當莫之敢御湯武是也今不建不可攻之城不可當之兵而欲任匹夫之役而行三尺之刃亦細矣大夫曰荊軻提匕首入不測之強秦秦王惶恐失守備衛者皆懼專諸手劒歷萬乘刺吳王尸孽立正鎬冠千里聶政自衛由韓廷刺其主功成求得退自刑於朝暴尸於市今誠得勇士乘強漢之威凌無義

之匈奴制其死命責以其過若曹劌之負齊桓公遂
其求推鋒掛鋭穹廬擾亂上下相遁因以輕鋭隨其
後匈奴必交臂不敢格也文學曰湯得伊尹以區區
之亳兼臣海内文王得太公廓酆鄗以爲天下齊桓
公得管仲以霸諸侯秦穆公得由余西戎八國服聞
得賢聖而蠻貊來享未聞劫殺人主以懷遠也詩云
惠此中國以綏四方故自彼氐羌莫敢不來王非畏
其威畏其德也故義之服無義疾於原馬良弓以之
召遠疾於馳傳重驛

論功第五十二

大夫曰匈奴無城廓之守溝池之固脩戟強弩之用倉廩府庫之積上無義法下無文理君臣嫚易上下無禮織柳爲室旃廗爲蓋素弧骨鏃馬不粟食內則備不足畏外則禮不足稱夫中國天下腹心賢士之所總禮義之所集財用之所殖也夫以智謀愚以義伐不義若因秋霜而振落葉春秋曰桓公之與戎狄驅之爾況以天下之力乎文學曰匈奴車器無銀黃絲漆之飾素成而務堅絲無文采裙褘曲襟之制都成而務完男無刻鏤奇巧之事宮室城郭之功女無綺繡淫巧之貢纖綺羅紈之作事省而致用易成而

難弊雖無脩戟強弩戎馬良弓家有其備人有其用
一旦有急貫弓上馬而已資粮不見案首而支數十
日之食因山谷爲城郭因水草爲倉廪法約而易辨
求寡而易供是以刑省而不犯指麾而令從嫚於禮
而篤於信畧於文而敏於事故雖無禮義之書刻骨
卷衣百官有以相記而君臣上下有以相使群臣爲
縣官計者皆言其易而實難是以秦欲驅之而反更
亡也故兵者凶器不可輕用也其以強爲弱以存爲
亡一朝爾也大夫曰魯連有言秦權使其士虐使其
民故政急而不長高皇帝受命平暴亂功德巍巍惟

天同大焉而文景承緒潤色之及先帝征不義攘無德以昭仁聖之路純至德之基聖王累年仁義之積也今文學引亡國失政之治而況之於今其謂匈奴難圖宜矣文學曰有虞氏之時三苗不服禹欲伐之舜曰是吾德未喻也退而脩政而三苗服不牧之地不羈之民聖王不加兵不事力焉以爲不足煩百姓而勞中國也今明主脩聖緒宣德化而朝有權使之謀尚首功之事臣固怪之夫人臣席天下之勢奮國家之用身享其利而不顧其主此尉佗章邯所以成王秦失其政也孫子曰今夫國家之事一日更百變

然而不亡者可得而革也逮出兵乎平原廣牧鼓鳴矢流雖有堯舜之知不能更也戰而勝之退脩禮義繼三代之迹仁義附矣戰勝而不休身死國亡者吳王是也大夫曰順風而呼者易爲氣因時而行者易爲力文武懷餘力不爲後嗣計故三世而德衰昭王南征死而不還凡伯囚執而使不通晉取郊沛王師敗於茅戎今西南諸夷楚莊之後朝鮮之王燕之亡民也南越尉佗起中國自立爲王德至薄然皆亡天下之大各自以爲一州倔強倨敖自稱老夫先帝爲萬世度恐有冀州之累南荆之患於是遣左將軍樓

舩平之兵不血刃咸爲縣官也七國之時皆據萬乘南面稱王提珩爲敵國累世然終不免首係虜於秦今匈奴不當漢家之巨郡非有六國之用賢士之謀由此觀難易察然可見也文學曰秦滅六國虜七王沛然有餘力自以爲蚩尤不能害黄帝不能斥及二世弑死望夷子嬰係頸降楚曾不得七王之俛首使六國並存秦尚爲戰固未亡也何以明之自孝公以至于始皇世世爲諸侯雄百有餘年及兼天下十四歲而亡何則外無敵國之憂而内自縱恣也自非聖人得志而不驕佚者未之有也

論鄒第五十三

大夫曰：鄒子疾晚世之儒墨不知天地之弘，昭曠之道，將一曲而欲道九折，守一隅而欲知萬方，猶無準平而欲知高下，無規矩而欲知方圓也。於是推大聖終始之運，以喻王公列士。中國名山通谷，以至海外。所謂中國者，天下八十分之一，名曰赤縣神州，而分為九州。絶陵陸不通，乃為一州，有大瀛海圜其外。此所謂八極，而天下際焉。禹貢亦著山川高下原隰，而不知大道之徑。故秦欲達九州而方瀛海，牧胡而朝萬國。諸生守畦畝之慮，閭巷之固，未知天下之義也。

文學曰堯使禹爲司空平水土隨山刊木定高下而序九州鄒衍非聖人作怪誤惑六國之君以納其説此春秋所謂匹夫熒惑諸侯者也孔子曰未能事人焉能事鬼神近者不達焉能知瀛海故無補於用者君子不爲無益於治者君子不由三王信經道而德光於四海戰國信嘉言破亡而泥山昔秦始皇已吞天下欲并萬國亡其三十六郡欲達瀛海而失其州縣知大義如斯不如守小計也

論菑第五十四

大夫曰巫祝不可與並祀諸生不可與逐語信往疑

今非人自是夫道古者稽之今言遠者合之近日月
在天其徵在人菑異之變夭壽之期隂陽之化四時
之叙水火金木妖祥之應鬼神之靈祭祀之福日月
之行星辰之紀曲言之故何所本始不知則默無苟
亂耳文學曰始江都相董生推言隂陽四時相繼父
生之子養之母成之子藏之故春生仁夏長德秋成
義冬藏禮此四時之序聖人之所則也刑不可任以
成化故廣德教言遠必考之邇故内恕以行是以刑
罰若加於己勤勞若施於身又安能忍殺其赤子以
事無用罷弊所恃而達瀛海乎蓋越人美蠃蚌而簡

太牢鄙夫樂咋唶而怪韶濩故不知味者以芬香爲臭不知道者以美言爲亂耳人無夭壽各以其好惡爲命羿敖以功力不得其死智伯以貪狠亡其身天菑之證禎祥之應猶施與之望報各以其類及故好行善者天助以福符瑞是也易曰自天祐之吉無不利好行惡者天報以禍妖菑是也春秋曰應是而有天菑周文武尊賢受諫敬戒不殆純德上休神祇相況詩云降福穰穰降福簡簡日者陽陽道明月者陰陰道冥君尊臣卑之義故陽先盛於上衆陰之類消於下月望於天蚌蛤盛於淵故臣不臣則陰陽不調

日月有變政教不均則水旱不時螟螣生此災異之應也四時代敘而人則其功星列於天而人象其行常星猶公卿也衆星猶萬民也列星正則衆星齊常星亂則衆星墜矣大夫曰文學言剛柔之類五勝相代生易明於陰陽書長於五行春生夏長故火生於寅木陽類也秋生冬死故水生於申金陰物也四時五行迭廢迭興陰陽異類水火不同器金得土而成得火而死金生於巳何說何言然乎文學曰兵者凶器也甲堅兵利爲天下殃以母制子故能久長聖人法之厭而不陽詩云載戢干戈載橐弓矢我求懿德

肆于時夏衰世不然逆天道以快暴心僵尸血流以
爭壤土牢人之君滅人之祀殺人之子若絕草木刑
者肩靡於道以己之所惡而施於人是以國家破滅
身受其殃秦王是也大夫曰金生於巳刑罰小加故
薺麥夏死易曰履霜堅冰至秋始降霜草木隕零合
冬行誅萬物畢藏春夏生長利以行仁秋冬殺藏利
以施刑故非其時而樹雖生不成秋冬行德是謂逆
天道月令涼風至殺氣動蜻蛚鳴衣裘成天子行微
刑始貙蔞以順天令文學曰同四時合陰陽尚德而
除刑如此則鷹隼不鷙猛獸不攫秋不蒐獮冬不田

狩者也文學曰天道好生惡殺好賞惡罰故使陽居於實而宣德施陰藏於虛而爲陽佐輔陽剛陰柔季不能加孟此天賤冬而貴春申陽屈陰故王者南面而聽天下背陰向陽前德而後刑也霜雪晚至五穀猶成雹霧夏隕萬物皆傷由此觀之嚴刑以治國猶任秋冬以成穀也故法令者治惡之具也而非至治之風也是以古者明王茂其德教而緩其刑罰也網漏吞舟之魚而刑審於繩墨之外反臻其末而民莫犯禁也

鹽鐵論卷第九

鹽鐵論卷第十

刑德第五十五　申韓第五十六　周秦第五十七
諸聖第五十八　大論第五十九　雜論第六十

刑德第五十五

大夫曰令者所以教民也法者所以督姦也令嚴而民慎法設而姦禁罔疏則獸失法疏則罪漏罪漏則民放佚而輕犯禁故禁不必法夫徼倖誅誡蹠蹻不犯是以古者作五刑刻肌膚而民不踰矩文學曰道德衆人不知所由法令衆民不知所辟故王者之制法昭乎如日月故民不迷曠乎若大路故民不惑幽

隱遠方折手知足室女童婦咸知所避是以法令不犯而獄犴不用也昔秦法繁於秋荼而網密於凝脂然而上下相遁姦僞萌生有司法之若救爛撲焦不能禁非網疏而罪漏禮義廢而刑罰任也方今律令百有餘篇文章繁罪名重郡國用之疑惑或淺或深自吏明習者不知所處而況愚民乎律令塵蠹於棧閣吏不能徧覩而況於愚民乎此斷獄所以滋衆而民犯禁也宜犴宜獄握粟出卜自何能穀刺刑法繁也親服之屬甚衆上附下附而服不過五五刑之屬三千上殺下殺而罪不過五故治民道務篤其教而

已大夫曰文學言王者立法曠若大路今馳道不小也而民公犯之以其罰罪之輕也千仞之高人不輕凌千鈞之重人不輕舉商君刑棄灰於道而秦民治故盜馬者死盜牛者加所以重本而絕輕疾之資也武兵名食所以佐邊而重武備也盜傷與殺同罪所以累其心而責其意也猶魯以楚師伐齊而春秋惡之故輕之爲重淺之爲深有緣而然法之微者固非衆人之所知也文學曰詩云周道如砥其直如矢言其易也君子所履小人所視言其明也故德明而易從法約而易行今馳道經營陵陸紆周天下是以萬

里爲民穽也罻羅張而縣其谷辟陷設而當其蹊矯弋飾而加其上能勿離乎聚其所欲開其所利仁義陵遲能勿踰乎故其末途至於攻城入邑損府庫之金盜宗廟之器豈特千仞之高千鈞之重哉管子曰四維不張雖皐陶不能爲士故德教廢而詐僞行禮義壞而姦邪興言無仁義也仁者愛之効也義者事之宜也故君子愛仁以及物治近以及遠傳曰凡生之物莫貴於人人主之所貴莫重於人故天之生萬物以奉人也主愛人以順天也聞以六畜禽獸養人未聞以所養害人者也魯廄焚孔子罷朝問人不問

馬賤畜而重人也今盜馬者罪死盜牛者加乘騎車馬馳行道中吏舉苛而不止以爲盜馬而罪亦死今傷人持其刀劍而亡亦可謂盜武庫兵而殺之乎人主立法而民犯之亦可以爲逆面輕主約乎深之可以死輕之可以免非法禁之意也法者緣人情而制非設罪以陷人也故春秋之治獄論心定罪志善而違於法者免志惡而合於法者誅念傷民未有所害志不甚惡而合於法者謂盜而傷人者耶將執法者過耶何於人心不厭也古者傷人有創者刑盜有臧者罰殺人者死今取人兵刃以傷人罪與殺人同得

無非其至意與大夫俛仰未應對御史大夫曰執法者國之轡銜刑罰者國之維檝也故轡銜不飭雖王良不能以致遠維檝不設雖良工不能以絶水韓子曰疾有固者不能明其法勢御其臣下富國強兵以制敵禦難惑於愚儒之文詞以疑賢士之謀舉浮淫之蠹加之功實之上而欲國之治猶釋階而欲登高無銜橛而禦捍馬也今刑法設備而民猶犯之況無法乎其亂必也文學曰轡銜者御之具也得良工而調法勢者治之具也得賢人而化執轡非其人則馬奔馳執軸非其人則舩覆傷昔吳使宰嚭持軸而破

其船秦使趙高執轡而覆其車今廢仁義之術而任刑名之徒則復吴秦之事也夫爲君者法三王爲相者法周公爲術者法孔子此百世不易之道也韓非非先王而不遵舍正令而不從舉陷陷穽身幽囚客死於秦秦夫不通大道而小辯斯足以害其身而已

申韓第五十六

御史曰待周公而爲相則世無列國待孔子而後學則世無儒墨夫衣小缺襟裂可以補而必待全匹而易之政小缺法令可以防而必待雅頌乃治之是猶舍鄰之醫而求俞跗而後治病廢汙池之水待江海

而後救火也迂而不徑闕而無務是以教令不從而治煩亂夫善爲政者弊則補之決則塞之故吴子以法治楚魏申商以法彊秦韓也文學曰有國者選衆而任賢學者博覽而就善何必是周公孔子故曰法之而已今商鞅吴起反聖人之道變亂秦俗其後政耗亂而不能理流失而不可復愚人縱火於沛澤不能復振蜂蠆螫人放死不能息其毒也煩而止之躁而靜之上下勞擾而亂益滋故聖人教化上與日月俱照下與天地同流豈曰小補之哉御史曰衣缺不補則日以甚防漏不塞則日以滋大河之始決於瓠

子也涓涓爾及其卒氾濫爲中國害菑梁楚破曹衛城郭壞沮稸積漂流百姓木棲千里無廬令孤寡無所依老弱無所歸故先帝閔悼其菑親省河堤舉禹之功河流以復曹衛以寧百姓戴其功詠其德歌宣房塞萬福來焉亦猶是也如何勿小補哉文學曰河決若甕口而破千里況禮決乎其所害亦多矣今斷獄歲以萬計犯法茲多其爲菑豈特曹衛哉夫知塞宣房而福來不知塞亂原而天下治也周國用之刑錯不用黎民若四時各終其序而天下不孤頌曰綏我眉壽介以繁祉此天爲福亦不小矣誠信禮義如

宣房功業巳立垂拱無爲有司何補法令何塞也御史曰犀銚利鉏五穀之利而閒草之害也明理正法姦邪之所惡而良民之福也故曲木惡直繩姦邪惡正法是以聖人審於是非察於治亂故設明法陳嚴刑防非矯邪若隱括輔檠之正弧刺也故水者火之備法者止姦之禁也無法勢雖賢人不能以爲治無甲兵雖孫吳不能以制敵是以孔子倡以仁義而民從風伯夷遁首陽而民不可化文學曰法能刑人而不能使人廉能殺人而不能使人仁所貴良醫者貴其審消息而退邪氣也非貴其下鍼石而鑽肌膚也

所貴良吏者貴其絕惡於未萌使之不爲非非貴其拘之囹圄而刑殺之也今之所謂良吏者文察則以禍其民強力則以厲其下不本法之所由生而專己之殘心文誅假法以陷不辜累無罪以子及父以弟及兄一人有罪州里驚駭十家奔亡若癰疽之相濘色淫之相連一節動而百枝搖詩云舍彼有罪既伏其辜若此無罪淪胥以鋪痛傷無罪而累也非患銚耨之不利患其舍草而去苗也非患無準平患其舍枉而繩直也故親近爲過不必誅是鋤不用也疏遠有功不必賞是苗不養也故世不患無法而患無必

行之法也

周秦第五十七

御史曰春秋罪人無名號謂之云盜所以賤刑人而絕之人倫也故君不臣士不友於閭里無所容故民始犯之命不軌之民犯公法以相寵舉棄其親不能伏節死理遁逃相連自陷於罪其被刑戮不亦宜乎一室之中父兄之際若身體相屬一節動而知於心故今自關內侯以下比地於伍居家相察出入相司父不教子兄不正弟舍是誰責乎文學曰古者周其禮而明其教禮周教明不從者然後等之以刑刑罰

中民不怨故舜施四罪而天下咸服誅不仁也輕重各服其誅刑必加而無赦赦惟疑者若此則世安得不軌之人而罪之令殺人者生剽攻竊盜者富故良民内解怠輟耕而隕心古者君子不近刑人刑人非人也身放殛而辱後世故無賢不肖莫不耻也今無行之人貪利以陷其身蒙戮辱而捐禮義恬於苟生何者一日下蠶室創未瘳宿衛人主出入宮殿得由受奉禄食太官享賜身以尊榮妻子獲其饒故或載卿相之列就刀鋸而不見閔況衆庶乎夫何耻之有廢其德教而責之以禮義是虐民也春秋曰子有罪

執其父臣有罪執其君聽失之大者也今以子誅父以弟誅兄親戚小坐什伍相連若引根本之及華葉傷小指之累四體也如此則以有罪及誅無罪無罪者寡矣臧文仲治魯勝其盜而自矜子貢曰民將欺而況民盜乎故吏不以多斷為良醫不以多刺為工子產刑二人殺一人道不拾遺而民無誣心故為民父母以養疾子長恩厚而已自首匿相坐之法立骨肉之恩廢而刑罪多聞父母之於子雖有罪猶匿之豈不欲服罪爾子爲父隱父爲子隱未聞父子之相坐也聞兄弟緩追以免賊未聞兄弟之相坐也聞惡

惡止其人疾始而誅首惡未聞什伍之相坐老子曰
上無欲而民樸上無事而民自富君君臣臣父父子
子比地何伍而執政何責也御史曰夫負千鈞之重
以登無極之高垂峻崖之峭谷下臨不測之淵雖有
慶忌之健賁育之勇莫不震慴悼慄者知墜則身首
肝腦塗山石也故未嘗灼而不敢握火者見其有灼
也未嘗傷而不敢握刃者見其有傷也彼以知爲非
罪之必加而戮及父兄必懼而爲善故立法制辟若
臨百仞之壑握火蹈刃則民畏忌而無敢犯禁矣慈
母有敗子小不忍也嚴家無悍虜篤責急也今不立

嚴家之所以制下而修慈母之所以敗子則惑矣文學曰紂爲炮烙之刑而秦有收帑之法趙高以峻文決罪於内百官以峭法斷割於外死者相枕席刑者相望百姓側目重足不寒而慄詩云謂天蓋高不敢不局謂地蓋厚不敢不蹐哀今之人胡爲虺蜥方此之時豈特冒火蹈刃哉然父子相背兄弟相慢至於骨肉相殘上下相殺非刑輕而罰不必令大嚴而仁恩不施故政寛則下親上政嚴則民謀主晉厲以幽二世見殺惡在峻法之不犯嚴家之無悍虜也聖人知之是以務知而不務威故高皇帝約秦苛法慰怨

毒之民而長和睦之心唯恐刑之重而德之薄也是以施恩無窮澤流後世商鞅吳起以秦楚之法爲輕而累之上危其主下没其身或非特慈母乎

詔聖第五十八

御史曰夏后氏不信言殷誓周盟德信彌衰無文武之人欲修其法此殷周之所以失勢而見奪於諸侯也故衣弊而革才法弊而更制高皇帝時天下初定發德音行一卒之令權也非撥亂反正之常也其後法稍犯不正於理故姦萌而甫刑作王道衰而詩刺彰諸侯暴而春秋譏夫少目之罔不可以得魚三章

之法不可以爲治故令不得不加法不得不多唐虞畫衣冠非阿湯武刻肌膚非故時世不同輕重之務異也文學曰民之仰法猶魚之仰水水清則靜濁則擾擾則不安其居靜則樂其業樂其業則富富則仁生澹則爭止是以成康之世賞無所施法無所加非可刑而不刑民莫犯禁也非可賞而不賞民莫不仁也若斯則吏何事而理今之治民者若拙御馬行則頓之止則擊之身創於箠吻傷於銜求其無失何可得乎乾谿之役土崩梁氏内潰不能禁峻法不止故罷馬不畏鞭箠罷民不畏刑法雖曾而累之其亡益

乎御史曰嚴牆三刃樓季難之山高于雲牧豎登之故峻則樓季三刃陵夷則牧豎易山巔夫鑠金在鑪莊蹻不顧錢刀在路匹婦掇之非匹婦貪而莊蹻廉也輕重之制異而利害之分明也故法令可仰而不可踰可臨而不可入詩云不可暴虎不敢馮河爲其無益也魯好禮而有季孟之難燕噲好讓而有子之之亂禮讓不足禁邪而刑法可以止暴明君據法故能長制群下而久守其國也文學曰古者明其仁義之誓使民不踰上乎刑之不教而殺是以虐也與其刑不可踰不若義之不可踰也聞禮義行而刑罰中

未聞刑罰行而孝悌興也高牆狹基不可立矣嚴法峻刑不可久也二世信趙高之計渫篤責而任誅斷刑者半道死者日積殺民多者爲忠厲民悉者爲能百姓不勝其求黔首不勝其刑海内同憂而俱不聊生故過往之事父不得於子無已之求君不得於臣死不再生窮鼠齧貍匹夫奔萬乘舍人折弓陳勝吴廣是也當此之時天下期俱起方面而攻秦聞不一期而社稷爲墟惡在其能制羣下而久守其國也御史默然不對大夫曰瞽師不知白黑而善聞言儒者不知治世而善訾議夫善言天者合之人善言古者

考之令令何爲施法何爲加湯武全肌骨而殷周治秦國用之法弊而犯二尺四寸之律古今一也或以治或以亂春秋原罪甫刑制獄令願聞治亂之本周秦所以然乎文學曰春夏生長聖人象而爲令秋冬殺藏聖人則而爲法故令者教也所以導民人法者刑罰也所以禁強暴也二者治亂之具存亡之効也在上所任湯武經禮義明好惡以道其民刑罪未有所加而民自行義殷周所以治也上無德教下無法則任刑必誅劓鼻盈蔂斷足盈車舉河以西不足以受天下之徒終而以亡者秦王也非二尺四寸之律

異所行反古而悖民心也

大論第五十九

大夫曰呻吟槁簡誦死人之語則有司不以文學文學知獄之在廷後而不知其事聞其事而不知其務夫治民者若大匠之斵斧斤而行之中繩則止杜大夫王中尉之等繩之以法斷之以刑然後寇止姦禁故射者因勢治者因法虞夏以文殷周以武異時各有所施今欲以敦朴之時治抗弊之民是猶遷延而拯溺揖讓而救火也文學曰文王興而民好善幽厲興而民好暴非性之殊風俗使然也故商周之所以

昌桀紂之所以亡也湯武非得伯夷之民以治桀紂非得蹠蹻之民以亂也故治亂不在於民孔子曰聽訟吾猶人也必也使無訟乎訟者難訟而聽之易夫不治其本而事其末古之所謂愚今之所謂智以箠楚正亂以刀筆正文古之所謂賊今之所謂賢也大夫曰俗非唐虞之時而世非許由之民而欲廢法以治是猶不用隱括斧斤欲撓曲直枉也故爲治者不待自善之民爲輪者不待自曲之木往者應少伯正之屬潰梁楚昆盧徐穀之徒亂齊趙山東關內暴徒保人阻險當此之時不任斤斧折之以武而乃始設

禮修文有似窮醫欲以短鍼而攻疽孔丘以禮說跖也文學曰殘材木以成室屋者非良匠也殘賊民人而欲治者非良吏也故公輸子因木之宜聖人不費民之性是以斧斤簡用刑罰不任政立而化成扁鵲攻於湊理絶邪氣故癰疽不得成形聖人從事於未然故亂原無由生是以砭石藏而不施法令設而不用斷已然鑿已發者凡人也治未形覩未萌者君子也大夫曰文學所稱聖知者孔子也治魯不遂見逐於齊不用於衛遇圍於匡困於陳蔡夫知時不用猶說強也知困而不能已貪也不知見欺而往愚也困

辱不能死耻也若此四者庸民之所不爲也何況君子乎商君以景監見應侯以王稽進故士因士女因媒至其親顯非媒士之力孔子曰進見而不以能往者非賢士才女也文學曰孔子生於亂世思堯舜之道東西南北灼頭濡足庶幾世主之悟悠悠者皆是君闇大夫妬孰合有媒是以嫫母飾姿而夸矜西子彷徨而無家非不知窮厄而不見用悼痛天下之禍猶慈母之伏死子也知其不可如何然惡已故適齊景公欺之適衛靈公圍陽虎謗之桓魋害之夫欺害聖人者愚惑也傷毀聖人者狂狡也惑之人非人也

夫何耻之有孟子曰觀近臣者以所爲主觀遠臣者以其所主使聖人僞容苟合不論行擇友則何以爲孔子也大夫憮然內慙四據而不言當此之時順風承意之士如編口張而不歙舉舌而不下闇然而懷重負而見責大夫曰諾膠車倐逢雨請與諸生解

雜論第六十

客曰余覩鹽鐵之義觀乎公卿文學賢良之論意指殊路各有所出或上仁義或務權利異哉吾所聞周秦粲然皆有天下而南面焉然安危長久殊世始汝南朱子伯爲予言當此之時豪俊並進四方輻湊賢

良茂陵唐生文學魯曾萬生之倫六十餘人咸聚闕庭舒六藝之諷論太平之原智者贊其慮仁者明其施勇者見其斷辯者陳其詞誾誾焉侃侃焉雖未能詳備斯可畧觀矣然蔽於雲霧終廢而不行悲夫公卿知任武可以辟地而不知德廣可以附遠知權利可以廣用而不知稼穡可以富國也近者親附遠者說德則何爲而不成何求而不得不出於斯路而務畜利長威豈不謬哉中山劉子雍言王道矯當世復諸正務在乎反本直而不徼切而不熛斌斌然斯可謂弘博君子矣九江祝生奮由路之意推史魚之節發

憤懣刺譏公卿介然直而不撓可謂不畏強禦矣桑大夫據當世合時變推道術尚權利辟畧小辯雖非正法然巨儒宿學惡然大能自解可謂博物通士矣然攝卿相之位不引準繩以道化下放於利末不師始古易曰焚如棄如處非其位行非其道果隕其性以及厥宗車丞相即周魯之列當軸處中括囊不言容身而去彼哉彼哉若夫群丞相御史不能正議以輔宰相成同類長同行阿意苟合以說其上斗筲之人道諛之徒何足筭哉

鹽鐵論卷第十

重刻鹽鐵論并考證序

鹽鐵論自明嘉靖中爲張之象所亂卷第割裂字句踳謬盧學士羣書拾補已嘗言之予向恨不見善本近因顧千里得宏治十四年江陰令新淦涂禎依嘉泰壬戌本所刻及其後錫山華氏活字所印細爲校讀知張之象之不可據在盧所云外者甚多而盧又時出己見頗有違失亦未可全據也爰取涂本重刻於江寧撰考證一卷附後審正其文粗涉義例以貽留意此書者陽城張敦仁

鹽鐵論考證

陽城張敦仁撰

本議故工不出則農用乖華本乖改乏拾補云永樂大典中所載作乏按通典十一引亦然凡華本有脫誤此不載。是以盤庚萃居按即盤庚下篇鞠人謀人之保居也以文學語意推之與上經朕不肩好貨下經無摠于貨寶正相吻合但未詳此萃當彼經何字并其說若何耳此書所稱當是今文而尚書最多駮異類如是矣經字頗有或多或少者拾補云大典莘乃萃之譌也。則萬物並收萬物並收按通典十一引上物作人下句無萬物二字凡杜所引多互異或其本不同或杜有增損當分別觀之今不詳著。則物騰躍華本躍改踴下同按通典十一引作踊拾補有。力耕王者塞天財按通典十一引天作人譌字也管子山國軌云軌守其時有官天財此語出於彼下文云執準守時拾補改天爲人非。而范氏以強大亡按范當作紀大當作本管子輕重乙載其事其文云桓公曰強本節用可以爲存乎管子對曰可以爲益愈而不足以爲存也昔紀氏之國強本節用者其五穀豐滿而不能理也四流而歸於天下是則紀氏其強本節用適足以使其民穀盡而不能理爲天下虜是以其國亡而身無所處此語出於彼紀氏亡者即春秋紀侯大去其國者也強本謂務農故大夫以之難文學今本所誤絕不可通下文云故善爲國者

天下之下我高天下之輕我重其語亦出於彼。以虛蕩其實華本蕩改易

按通典十一引亦然拾補有。詩曰百室盈止婦子寧

止拾補云十字因上衍按非也此正因文學引而還

以難之。不愛其貨華本其改奇。蹠蹻之徒按蹻

字誤也謂務農之徒與盜跖莊蹻無涉後未通篇云

民蹠耒而耕取下篇云不知蹠耒躬耕者之勤也此

必本作蹠耒。通有是以揭夫匹婦華本揭改褐。

昔孫叔敖相楚張之象本孫叔敖改季文子楚改魯

按所改最謬漢世諸書說一事而人名各異者多矣

下文云大儉極下韓非子外儲說左下亦言孫叔敖

相楚大儉偪下泱非季文子可知。錯幣弊與世易華本弊改幣。禁耕布衣有朐邴朐邴人吳王皆鹽鐵初議也君有吳王按人當在君上錯出耳於文中加自釋一句者如項羽本紀加亞夫者范增也一句於中之比先釋吳王而後敘之者欲下就私威積而逆節之心作順其行文之便也通典十引無朐邴吳王皆鹽鐵初議也十字乃杜節之張之象本移改全失其意今不更出凡張之象本脫誤此亦不盡載至於其注尤多荒謬全無足論也。山海者財用之寶也按通典十引寶下有路字此脫當依之補下文云寶路開則百姓贍云云與此相承接也張之象本添而寶路開於寶路開之上拾補又添五穀熟於其上云三字脫當有盧意以爲五穀熟而寶路開方始成文不知寶路開自蒙此句開者謂不管山海與五穀熟迥不相蒙也拾補誤於張之象本又失校通典此句故其所說全非○農夫之死生也死生用按通典十引二生字皆作士此誤當依之改拾補生改士不云通典亦非○居局之宜按局當作句此考工記車人爲耒之倨句也居倨同字通典十引作倨蓋杜改之以合於周禮字耳管子弟子職云居句如矩可爲此作居之證拾補從通典句是而倨非○復古今意總一鹽錢拾補鐵按今當作令後

刺權篇令意所禁微兩見。天下之藏也按下當作地見史記平準書漢書食貨志。浮食豪民豪當作奇見平準書食貨志奇民者奇衰之民也小司馬索隱云包愷音羈諸侯也非農工之儔故言奇其義似誤矣。其輕爲非亦大矣華本大改殆拾補云大典殆。省罷機利之人人華本刪重人字按下人當作者此句與上句連讀。已上第一卷張之象本所改之卷最謬今不更論

非鞅春秋曰未言介祭仲亡也按未當作末拾補介有當作尒今公羊桓十五年傳作爾尒爾同字拾補即據傳改作爾也作矣凡此書之春秋皆公羊具見各篇文有異者如矣

也不同是也其末尒之類乃傳寫譌不在此限蓋𡰥公所稱與何劭公所注非一本故後執務篇稱傳曰予積也而說之以行積而成君子何劭公注僖四年傳則作序績也而云序次也績功也判然有異於此可決但如備胡篇之歸鄣鄣何作運和親篇之鵲鼬何作浩油論功篇之茅戎茅何作貿貝疑後人有以左傳字亂之者蓋𡰥公不必盡同於何休又不得竟合於左氏也今亦未敢輒定其不在經傳者則公羊家之說○推車之蟬攫按推當作椎後遵道篇而椎車尚在也世務篇無徒守椎車之語不誤散不足篇古者椎車無柔亦不誤椎車者但斲一木使外圓以爲車輪不用三材也蟬攫即柔柔即三材之牙也廣雅釋器𨍢𨐆輮輞也淮南子說林訓作蟬匷蟬𨍢同字攫𨐆匷亦同字散不足又云郡國繇吏素桑輮說文作輮柔楺輮皆同字即三材之牙者據周禮注

鄭司農云韓非子八說云古者寡事而備簡樸陋而不盡故有珧銚而椎車者又云故智者不乘椎車聖人不行椎政此語出於彼今本韓非淮南亦誤椎爲推皆當訂正○建周而不疲按疲當作拔與下句⿸麻疋字爲韻老子曰善建不拔此書多韻語如大論篇云是以嫫母飾姿而矜夸西子彷徨而無家夸家爲韻倒作夸矜者誤拾補正之矣○狐剌之鑿按狐當作弧後申韓篇作弧此葢本與彼同拾補以爲皆⿰亻瓜之訛未是次公所用不必同於鄭周禮注之字也說文亦不載⿰亻瓜字○晁錯謀叛逆誅及宗族使按使當在謀上錯出耳謂遊士使淮南衡山謀叛逆也○迫蹙宗族按族當作室涉上文誅及

宗族而誤華本改爲臣非。此解楊之所以厚於晉華本楊改揚。剌權今夫越之具區按夫當作吳此爾雅釋地有其文也具區不得單言越之甚明。剌復大夫曰爲色矜按曰字當衍此書篇首多云大夫曰故相涉而誤張之象本改曰爲乃似是實非後擊之篇首賢良曰文學既拜曰字亦當衍拾補有涉救匱篇首賢良曰而誤也。而行臧文子叔之意張之象本叔改椒按後訟賢篇云遭子椒之譖也所改蓋是凡張之象本而是者絕少大抵載此矣。非燕昭之薦士張之象本非下添特字似是實非此句與下句文王之廣賢也連讀也邪同字前後多有之褒賢篇固若是也尤顯然可證○東郭偃孔僅按云東郭偃者誤也前刺權篇云大農鹽鐵丞咸陽孔僅等後輕重篇云咸陽孔僅增以鹽鐵平準書食貨志皆云於是以東郭咸陽孔僅爲大農丞領鹽鐵事此或本作東郭咸陽或本作咸陽後人記東郭於旁以致錯入而又改去咸陽字○上下無求按無當作兼公爲上私爲下兼者兼此二者也○論儒齊宣之時不顯賢進士按宣上當有威字顯上當無不字下文云及湣王奮二世之餘烈二世者威也宣也餘烈者顯賢進士也今本脱衍絶不可通凡傳鈔之誤有

上脫下衍者又或有上衍下脫者。○慎到捷子亡去拾補改子爲予按漢書古今人表中中捷子藝文志道家捷子二篇齊人史記孟荀列傳接子齊人索隱云接子古著書人之稱號捷接同字皆作子唯田敬仲世家作子乃謁字而盧誤據之也。○叔聘退而隱處華本聘改聃。○憂邊覽羣臣極言至內論雅頌按內論當倒論字上屬句絕內下脫一字未詳內ㄙ雅頌四字爲一句與下文外鳴和鑾相對。○君臣所宣明王之德華本君改羣。○巳上第二卷

園池者欲多而下不堪其求也按者當作者。○粟米

薪菜按菜當作采采薪采語出於公羊傳亦見毛詩板三章傳薪采與粟米相對下文菜果別見。輕重今大夫各修太公桓管之術按本篇又云大夫君以心計策國用又云大夫各運籌策又云上此字誤未詳大夫君與此字誤見下治粟都尉凡二各字二君字皆當作名名者桑大夫之名也即云今大夫宏羊耳蓋始元議文本如此而次公訟之者一譌而爲各再譌而爲君。是以縣官用饒足按足字當衍華本删縣字非。江充耕谷之等按耕谷未詳拾補云耕谷之三字衍雲谷雜記引無非也蓋楊可二字之誤楊可告緡江充禁服後國病篇連言之雲谷雜記不足據。與治粟都尉按與當作爲平準書食貨志皆云而桑宏羊爲治粟都尉領大農元封元年可證。未通平百越以爲囿圃按囿當作園涉下句而誤。不種而欲獲華本獲改穫。民勤己不獨衍民衍己不獨勤張之象本二勤字皆改作饉按所改最謬勤僅同字僅少也衍多也故以勤對衍言之非謂蔬不熟曰饉前通有篇云富者不獨衍貧者不獨饉饉蓋勤之誤集韻二十二稕有僅勵堇三文堇字見史記貨殖列傳又或作廑字見漢書賈誼傳通有篇即使歧異亦必非饉字歧異之例詳於下拾補云勤非又云饉有歉意誤於張之象本而爲此說仍迂曲無所當也。去尤甚而就少愈多按多字當衍愈句絶後散不足篇云吾以賢良爲少愈。上下交議按議當作讓後取下篇世務篇皆不誤。刻惟南面按南字誤也此必本作人後繇役篇惟人面之倫莫不引領而歸其義不誤墨子明鬼引商書刻隹此字當作隹省惟爲隹也近江氏聲尚書注說之如此人面胡敢異心此語出於彼後漢書章帝紀迄惟人面靡不率俾和帝紀戒惟人面無思不服亦可證也。已上第三卷

地廣遠寇國安災按國字當衍。國安則晏然無事按國上當脫中字張之象本補。挾管仲之智者華

本仲改晏按所改未是而拾補亦改仲作晏蓋誤矣。貧富夫白圭之廢著子貢之三至千金張之象本白圭改子貢子貢改陶朱公按所改未是拾補云涂誤者非也涂但依嘉泰本殊無以意見更易者即如未通篇故商師若烏周師若荼與困學紀聞引同計王伯厚所見即嘉泰本亦其一證閻百詩乃云今本商荼周烏其所見僅張之象以後本耳漢世諸書頗多異說此當別有所出史記仲尼弟子列傳言子貢家累千金與下文子貢以著積顯於諸侯陶朱公以貨殖尊於當世不必相涉。以爲金鑪大鍾而不能自爲一鼎盤材按金當作全材當作杅全鑪者滿其鑪也後詔聖篇云鑠金在鑪。雖付之以韓魏之家張之象本付改附按所改似是實非此文出孟子而此書所稱孟子多不與今同付附同字必文公自用付也隸釋石經殘碑高宗肜日云天既付史記殷本紀作附梓材釋文云付如字馬本作附皆可證也○子思之銀佩按銀當作珢對下文垂棘言之垂棘玉也珢石也禮記所謂貴玉而賤碈碈珢同字○毀學貧賤而好義按義當作議○然而荀卿謂之不食華本荀改孫按上文仍作荀所改未是也謂張之象本改爲謂爲多相亂○終身行無寃尤華本寃尤改怨惡○天下穰穰按拾補云當作壤壤盧據今貨殖列傳云爾其實非也漢書張敞傳云長安中浩穰師古音穰

人掌反然則次公讀史記亦本作穰矣大凡駁異之文苟非必誤宜各仍其舊如史記又不得因此文而改爲穰也。鄭嫗不擇遠近按嫗當作姬嫗字不可通史記云今夫趙女鄭姬此盡下皆爲利祿也皆司馬子言大夫取貨殖列傳隱栝之後孝養篇引孟子亦隱栝之引古而隱栝者準諸此。車制於雲陽之市華本制改裂。褒賢孔子爲之曰微按爲當作謂此引論語故夫三桓之子孫微矣也。肆其長衣長衣官之也按拾補云長衣官之也五字衍非也此亦自釋一句據禮記目錄長衣即深衣而必自釋之者欲見其爲法服也官之二字乃容衣二字形近之譌後孝養篇云雖

公西赤不能以（此下衍養字）爲容即史記儒林列傳所謂善爲容者也華本此處尤多脫。（已上第四卷）

相刺外有膠鬲棘子拾補云棘子當即箕子大誤上句已言內有微箕二子矣此言外有決非箕子可知當別有所出華本棘改諸因其不可解而爲之非有本也。越人夷吾按此句有誤史記列傳云管仲夷吾者潁上人也又按鄒陽列傳是以秦用戎人由余而霸中國齊用越人蒙而彊威宣索隱云越人蒙未見所出漢書作子臧又張晏云子臧或是越人蒙字也此下句連言戎人由余似即取彼語夷吾或子臧之誤也下文又云不患無由余夷吾依上則亦當作子臧之倫患無桓穆依上則當作穆威之聽耳亦有誤此類疑而未能決定者亦不悉出。非說也非華本也非非改之罪也張之象本也改者。殊路宋襄公知孔父之賢按襄當作殤拾補下有句魯莊知季有之賢有當作子此皆見於公羊桓二年傳何休注而次公稱之者必舊說也公羊季子閔元年季友僖十六年一人而異義故此必云季子不知者改子爲友因譌成有字拾補作友非。故金玉不琢按金當作全全玉者考工記玉人所謂天子用全者也禮器郊特牲皆云大圭不琢鄭注皆云琢當爲篆鄭意以

爲即典瑞瑑圭璋璧琮之瑑篆瑑同字也或當次公
時禮家有如字說之者拾補云當作瑑未是。待鑑
識之工而後明按鑑識當作礛諸淮南子說山訓玉
待礛諸而成器說林訓璧瑗成器礛諸之功此語出
於彼說文作厱云厱諸治玉石也讀若藍廣雅釋器
云礛䃴礪也礛厱諸䃴皆同字。文學蒙以不潔張
之象本學下補曰字。故事人加按事人當倒。訟
賢目録訟作頌東流亦安之乎按拾補云東疑秉云云大
誤文學言東流無崖之川故大夫云爾亦者亦前篇
也戰國趙策蘇秦說李兌章東流至海氾濫無所止

文學之語出於彼。狡而以爲知華本狡改絞張之象本改徼按論語釋文云徼古堯反鄭本作絞古卯反此蓋亦作絞而在鄭前也後雜論篇云直而不徼今論語皆作絞然則絞徼同字故歧異與。遵道飾虛言以亂實按言字當衍。聖達而謀小人按人字當衍。論誹以己爲拭華本拭改式按拾補云大典栻從木。疾小人淺淺面從按後國病篇云諓諓者賤也與此歧異公羊文十二年傳云惟諓諓善竫言即秦誓截截善諞言也後漢書李尋傳王逸楚辭章句皆作諓諓國語亦有諓諓字說文引尚書又作戔戔見戈部與彼篇合潛夫論救邊云淺淺靖言與此篇合

淺諓同字竫靖亦同字當兩存之力耕篇云故伊尹高逝
遊薄險固篇云秉於濟亳薄亳同字而歧異訟賢篇
云東海成顒河東胡建箴石篇云則恐有盛胡之累
成盛同字而歧異散不足篇云棧車無柔又云郡國
繇吏素桑楺柔楺同字而歧異箴石篇云亦未見其
能用箴石餘篇屢見皆云鍼獨此歧異箴鍼亦同字
詔聖篇云澹則爭止餘篇屢見皆云贍獨此歧異澹
贍亦同字皆其例也餘準此求之。趙簡子得叔向
按拾補云叔向當是周舍未是此必漢世諸書有其
語難用時代相及求之如後利議篇云故季桓子聽

政柳下惠忽然不見孔子爲司寇然後悖熾悖勃同字也

周秦篇臧文仲治魯勝其盜而自矜子貢曰民將欺

韓詩外傳三季孫之治魯也即此事柳下與季桓孔子臧文與子貢皆

不相及也劉向所序各篇往往如此劉知幾史通嘗論之即其

語之尚存於今者此書稱引廣博兼取雜說當時之

學與都水正不甚相遠。孝養雖公西赤不能以養

爲容張之象本刪養字下句不能以養卒改卒養按

此亦改而是者。以其不能事其父母也按其父母

三字當衍與上文周襄王之母相承接而言之下文

云而有不能事父母之累父字亦當衍其上文不見

母故須言母也公羊僖二十四年傳不能乎母也此語出於彼不當連言父甚明。無厭者按厭字不當有下文食薪糲者葷茹者字不可通蓋者字本是厭字錯出於上而又誤加者於厭處也此等傳鈔傳刻之誤自宋以來多有之。丞相曰張之象本相下補史字按自前遵道篇丞相史進曰以下皆丞相史爲大夫詰難文學盡後丞相史默然不對所補是矣。刺議山林不讓椒桂按林字桂字皆誤也林當作陵桂當作跬椒跬者山顛之半步也故下文云以成成其崇。利議公卿欲成也張之象本成下補利字按下文云非有司欲成利所補是矣。國病目録病作疾無德序於民按序當作厚。面文學而蘇也賢良曰按賢上當脫謂字下文云子大夫論京師之日久子大夫者賢良也後篇吾以賢良爲少愈與此相承接前遵道篇云謂丞相史曰面即項羽本紀馬童面之之面張晏注漢書曰背之如淳曰面不正視也面文學而謂賢良與面項王而指王翳無以異也張之象本不得其解但知以下非賢良語因妄改爲丞相史曰而於此提行別起幾使讀者莫悟其謬實則上下隔截乖剌全不可通也。出入都市按此句上有脫文今無以補之凡知其誤而不復能正者準諸此。行即負羸華本羸改嬴。楊可勝告緡按勝字當衍拾補有涉下文不可勝載而誤。娶要斂從容傅白黛青者衆按娶當作聚從字當衍聚其要要䙅同字斂其容傅以白黛以青說文曰黱畫眉也黱黛同字釋名云黛代也滅眉毛去之以此畫代其處也可見畫眉曰黛黛故即名其所以畫者爲黛與此互證而義乃明凡四事與上句云秉耒抱插躬耕身織者寡亦凡四事對文也此二句其意與通有篇田疇不脩男女矜飾相類張之象本不得其解輒附會之云斂古本作臉絕謬。紈跨臬裝華本跨改袴。已上

第五卷

散不足者生無易由言按者當作諸。丞相曰願聞

散不足張之象本相下添史字下文丞相曰治聚不足柰何亦添史字按所添皆誤也此書有文學曰賢良曰丞相曰（即此篇是也）丞相史曰（丞相屬官見漢表）大夫曰（御史大夫也）御史曰（御史大夫屬官見漢表）即本議篇所謂使丞相御史與所舉賢良文學語者也而丞相曰僅有二語又聊爲問辭獨無可否（與餘人全異）言猶不言耳即雜論篇所謂括囊容身也凡後人起代前人詰難則必爲更端之辭（具見各篇不更出）此兩丞相曰在大夫曰之閒上有大夫默然是更端下不見丞相之所以更端者以其非詰難也唯前孝養篇後箴石篇執務篇三丞相史

曰爲脫去史字說具於彼張之象本一概添之讀者莫辨
矣今訂正。幾胎扁按幾當作幾字書未見幾字扁當作肩
此句與上句云鮮羔𦍒下句云皮黃口文意同羔𦍒
者羊之小者也胎肩者豕之小者也黃口者鳥之小
者也幾封也周禮故書作幾見肆師又見於犬人而鄭注讀爲刏亦必故書也皆謂刲牲爲
幾故即名其禮爲幾說文作䰗幾䰗同字周禮又作刏見士師鄭小子注以刏爲正字然則幾即刏而訓
爲刲也皮剝也見廣雅釋言鮮者月令天子乃鮮羔鄭注改
鮮作獻當時禮家或如字說之也列子湯問其長子
生則鮮而食之義略相近墨子節葬鮮作解蓋誤張之象本於
鮮字胎字斷句全不可通凡張失讀甚多皆此類。雕文檻脩

按脩當作揗揗誤爲脩脩猶循循脩相揗亂水旱篇故循行於內脩之誤也世務篇滑稽而不可修循之誤也脩修又相亂應劭漢書注云揗闌橫也李善注文選魏都賦景福殿賦皆引此○繭紬縑練者華本紬改細按拾補云大典細。銀黃華左搔按左字當衍搔當作瑵華瑵東京賦謂之葩瑵。珥靳飛鈴按鈴當作軨尚書大傳云未命爲士車不得有飛軨鄭曰如今窻車也文選劇秦美新注引○革鞮皮廌而已華本廌改薦按所改是也拾補有薦韉同字。箕子之譏按譏當作嘰嘰唏也紂爲象箸而箕子嘰見集韻八微嘰字下潛夫論浮侈云箕子所唏今本誤爲睎今在僕妾其語意略倣文公也韓非子云

悕淮南子云唏悕唏同字唏嘰同義也今本韓非譌悕爲怖不可通○撜拘按此當作

橙枸史記西南夷列傳云蜀枸醬徐廣曰枸一作蒟音窶常璩

巴志言果實之珍有辛蒟給客橙○今閭巷縣佰按

此有誤也佰當作宿縣懸同字謂懸以賣晏子春秋內篇雜下云猶懸牛首於門而賣馬肉於內也屠家縣肉格見鄭周禮牛人注若如字不當在閭巷下懸有

宿肉言閭巷賣肉者之多下句阡伯屠沽屠謂殺沽

謂賣言就阡伯之閒屠而賣之此段專言食肉下有明文語意相

儷○獏皮代旃華本獏改漢字書未見獏字○闒坐平莞按

坐當作登釋名釋牀帳有榻登其文云榻登施大牀之前小榻之上所以

登牀也然則不當言坐明矣次之於褻溲貂席之閒即此也闒榻

同字。古者不粥絍按絍當作飪下有明文。殽施成市按施當作旅上文已有殽旅重疊之云矣而此再見者彼言其食之所陳此言其賣之所陳以每段別爲義也。匹夫無貌領按貌當作繞繞領帬也見廣雅釋器方言作繞衿郭注江東通言下裳領衿同字無繞領猶言無帬耳拾補改作完非。庶人鹿菲草芰按鹿當作麤俗作麁鹿見集韻十一模鹿乃麁之譌也說文䕯艸履也麤䕯同字芰屐同字。十有半按半當作六見史記淮南王列傳漢書伍被傳同華本改九更誤。宣帝建學官按宣當作皇張之象本改宣帝作陛下非。目修於五色按修當作脩集韻六豪類篇目部皆云目不明。口極甘脆華本極改窮按拾補云大典窮○救匱而葛繹彭侯之等張之象本彭改澎按漢書王子侯表澎侯屈釐劉屈氂傳注服虔曰澎音彭褚先生補史記云封彭城此字衍侯將相名臣表征和二年彭澎同字如釐氂同字不得竟改也復古篇云窮夫否婦否鄙同字刺復篇云豈云殆哉論菑篇云敬戒不殆殆怠同字憂邊篇云故使廷尉評等評平同字地廣篇云道路迴避避僻同字毀學篇云猶爲賴民也賴厲同字相刺篇云西賔秦國賔擯同字授時篇云三代之盛無亂萌萌氓同字誅秦篇云號周子男君男南同字險固篇云重門擊拓

拓㯮同字刑德篇云吏舉苛而不止苛呵同字大論篇云聖人不費民之性費拂同字皆其例也餘以此求之。鹽鐵箴石此及後鹽鐵取下以餘篇例之蓋皆衍鹽鐵二字目錄亦然丞相曰張之象本相下補史字按此即雜論篇所謂不能正議云云者也所補是矣。吾聞諸鄭長孫曰按孫字誤也當作者漢書藝文志道家鄭長者一篇六國時先韓子韓子稱之謂外儲說右上稱鄭長者聞之及鄭長者有言曰也下文全在論語中不稱曾子者當時之學尚黃老而桑大夫尤輕儒故也。除狹垂青繩按繩當作純謂綬文采純爲圭也續漢書輿服志作淳漢官儀作純北堂書鈔引純淳同字拾補改繩爲綬非此句言青純不言綬猶下句言銀龜不言印。疾貪鄉大夫足以潤賢厚士足以優身及黨按士字當重上士句絕下士屬下。後刑民者教於愛而聽刑按教當作敖敖者聽之反也。授時今日施惠悅爾張之象本日改曰按所改是矣日曰多相亂。贍則民爭止按民字當衍後詔聖篇不誤。曰教之以德按之下以上當有脫文拾補補道之二字或不止二字未詳也下文則民從義而從善有誤亦未詳。水旱興雨祁祁按雨毛詩作雲顏之推改爲雨家訓書證有疑此亦當爲雲者今詳上文語意似本作雨故下不更引雨我公田之云也凡此書所稱詩皆三家具見各篇與毛詩異者不少又未可必謂後人以今詩改此處豈三家有作雨者與後漢書左雄傳所引亦作雨。新弊易貨按貨當作貿貨。多儲則鎮生按鎮當作鉎鉎生者鐵衣生也廣韻十五青鉎鐵鉎集韻類篇皆有鉎鋥二文云鐵衣。啖食按啖當作淡此與上文皆雜鹽鐵而論之但鹽略鐵詳耳。工人不斬伐而足乎按此下有脫文。已上第六卷

崇禮靈公同圍按同當作國此即齊世家之靈公二十九年晉兵遂圍臨菑也非左傳凡此書不見左氏。非恃其衆而歸齊也華本恃改持。邊境爲之不害也華本害改割按拾補云大典割

。備胡是仁義犯而藜藿不採按不字當衍賢良引春秋爲之不採故大夫云爾正是以採難不採也。南越內侵滑服令按滑服令三字未詳其誤下文氏轃云云別爲句張之象本以令字下屬非也轃字各本皆作輮人拾補云誤分爲二。辟鋒銳而牧罷極按牧當作收。執務丞相曰張之象本相下補史字說見上。軼人而難復華本人改久。能言豈若默然載施其行而已按施當作尸即板詩之載尸也李善注文選引韓詩曰尸祿者頗有所知善惡不言默然不語苟欲得祿而已譬若尸矣蓋韓板詩之傳也以彼訂此行當是錄之誤。鹽鐵取下鹽鐵當衍說見上怠於公乎按公乎當作上公前未通篇上公之事兩見蓋三家詩七月云上入執公功〔三家者但三家之一也漢書田千秋傳贊不見次公治何家故無可分析言之〕而出於彼也〔毛詩正義曰經當云執於宮公本或公在宮上誤耳今定本云執宮功不爲公字然則作正義時毛詩之本頗有涉三家而舛錯者毛作宮功故箋云宮中之事三家作公功則爲公家之事上公者上至公家也非毛傳入爲上之義〕張之象本乎改事非。上漏下濕者之廇也按廇當作病〔以下文例之可知〕。稱貸者之急按急下當脫也字〔亦以下文例之〕。糠粝之苦也按粝當作秳說文穭穅也秳穭同字〔秳之爲穭猶秳之爲穭〕穭或從米作糣〔見集韻類篇〕豈秳亦或從米與字書未見也凡昏旁之字隸變相承作舌又有作居者故譌而爲后。刑人若刈菅芳按芳字當衍華本菅芳改草菅非。擊之賢良曰文學曰字衍見上張之象本改此至辭丞相御史入上篇末按所改最謬全不可通。窮極郡國按郡當作羣字或作群故譌也此謂通烏孫大夏等詳見於史記漢書矣。一日違敵按違當作遺。已上第七卷

結和或及其澤按拾補云或疑咸非也或有也文學自言尚有及其澤者存於時耳。不痛之何故也按拾補衍何字非也大夫謂數見紿爲可痛而以文學不然故作怪問之辭。殺兩曎蚩尤而爲帝按兩曎未詳蓋雨師形近之誤也山海經大荒北經有其事

其文云蚩尤請風伯雨師從大風雨黃帝乃下天女曰魃雨止遂殺蚩尤此句接軒轅戰涿鹿之下其爲一時殺之甚明或百家言黃帝者又謂并殺雨師也殺雨師者猶淮南子本經訓之言堯使羿繳大風高誘注一曰以繳繫矢射殺之是也許愼注大風風伯也風伯雨師者能作風風作雨之人非周禮所謂風師雨師鄭注大宗伯云風師箕也雨師畢也可知其不相涉。誅秦夫禮讓爲國者若江海華本海改河拾補作湖又云大典湖似誤河爲湖也。及李廣利等輕計還馬足按上當云輕計下當云計還馬足中或尚有脫文因誤上計字爲下計字而佚去也輕計輕爲計也計還馬足史記大宛列傳漢書李廣利傳詳之矣。伐功故破走月支氏按支字衍也本作月氏有記支字於旁者以支音氏也後因錯入耳拾補云涂無或盧筆誤或所據非涂之元刻也凡拾補言涂而不合者準諸此。西域先帝推讓按讓當作攘。況負重羸兵以求之乎按羸當作嬴方言云攍儋也莊子釋文嬴廣雅云負也今在釋言作攍陸不分析言之耳又釋詁二云攍擔也即本方言儋擔同字嬴攍嬴皆同字。雖本議按雖當作摧。議者故使人主不遂忿按故當作欲。皆激一時之權按激當作徼史記匈奴列傳贊云患其徼一時權此語出於彼索隱曰徼工堯反。縣官既聞如甘水爲史記大宛列傳云天子既好宛馬聞之甘心此語出於彼亦見漢書李廣利傳如而同字前後多有之。世務春秋不與夷狄中國爲禮按狄下當脫之執二字爲禮二字當衍此因上脫而下衍公羊僖二十一年之傳也上文昔宋襄公倍楚而不備倍當作信下文爲其無信也首尾一事言宋信而楚無信張之象本删夷狄二字拾補添作夷狄與三字皆全失其意○莫敢受交也按此有誤也交校同字受即交之複衍者今公羊成元年傳云莫敢當也蓋次公之本有異複衍例詳於下○潛進市側按市當作司司伺同字也○則近者哥謳而樂之華本哥改歌○和親往者通關梁按梁當作市史記匈奴列傳云孝景帝復與匈奴和親通關市又云武帝即位明和親約束厚遇通此字漢書無關市饒給之又云尚樂關市嗜漢財物漢亦尚關市不絕以

中之漢書同可證也闠市者交闠爲市。已上第八卷

繇役我是用戒按拾補云戒當作悈大誤汝公所稱作戒必三家詩如此毛詩作急爾雅悈急也爾雅與此以戒悈同字而駮異猶毛詩之以戒急同義而駮異也不得改而一之。春秋譏戎驪未至預禦之按拾補改譏爲大未是此當驪下未上有脫文而大字在未上也餘無以補之莊十八年夏公追戎於濟西公羊傳大其未至而豫禦之也譏戎驪非彼傳文依拾補則當并衍驪字。險固秦所以超諸侯按超當作招過秦論云招八州文選注引鄧展曰招猶舉也蘇林曰招音翹。故鼂猖有介

按龜猖當作鼈猬風俗通十反云俯伏甚於鼈蝟蝟猬同字鼈猬物之至甲下者言猬有介者猬之有毛如被介也下句狐貉不能禽狐貉二字必有誤未詳。然固於阻險按固當作困下文秦師敗崤嶔承此言之敵於金城楚莊之圍宋二句相承言之文之互也。秦師敗崤嶔崟按公羊云嶔巖穀梁云巖唫釋文唫本作崟崟即嶔不得復見當是初時寫作崟後改之作嶔傳寫乃複見而衍也張之象本崟改巖未是巖不當誤爲崟也下文今不敢取敢者取之複衍拾補有與此正同又通有篇雖雕文刻鏤雖即雕之複衍拾補有論誹篇稱往古而言訾當世言即訾之複衍孝養篇膢臘而後見肉害害即肉之復衍屬下者非刺議篇侯僕雖不敢侯即僕之複衍屬上者非拾補有皆其例也餘以此求之刑德篇御史大夫曰亦改大大夫爲御史而複衍者拾補有。故曰天時地利按時下當脫不如二字故曰者猶言故孟子曰上文天時地利亦有誤當是衍天時二字以語意推之自可見下文文學曰地利不如人和與此相承接。晉有河華九河按河當作門史記趙世家言武靈王出九門爲野臺以望齊中山之境即此徐廣曰九在常山河非晉有甚明。論勇若曹劌之負齊桓公按負當作質謂劫之以爲質公羊僖廿一年何休注劫質諸侯拾補疑脅未是。秦穆公得由余西戎八國服張之象本得下添百里奚三字按史記匈奴列傳云秦穆公得由余西戎八國服於秦故自隴以西有緜諸一也緄戎二也翟三也豲四也之戎岐梁山涇漆之北有義渠五也大荔六也烏氏七也朐衍八也之戎漢書亦云然全與百里奚不涉也張之象本妄加之又於上句管仲之下添甯戚二字使其相配可謂巨謬矣。論功旛廗爲蓋華本廗改席按拾補云大典席此張守節所云席下爲帶者。刻骨卷衣華本衣改木按拾補云大典木。晉取郊沛按沛字誤也當作柳侵柳在宣元年圍郊在昭二十三年郊柳連言又郊在柳上者何休注公羊隱七年戎伐凡伯傳云與郊柳異必舊説也故次公稱之。然皆亡天下之大華本亡改忘。提珩爲敵國累世按珩當作衡臣瓚注漢書提衡云衡平也是其義也。論鄒列士中國名山通谷按列上脱先字下衍士字此篇所言與史記鄒衍列傳大略相同今本多誤故張之象本皆失其讀此以彼義訂之下同。天下八十分之一按十下脱一字。而分爲九川按川當作州。絶陵陸不通按陵字當衍説見上史記所謂於是有裨海環之人民禽獸莫能相通者也。而天下際焉按下當作地以困學紀聞所引證之多巳誤然則涂依嘉泰本而其本即王伯厚所見無疑矣。作怪誤按誤當作迂史記所謂作怪迂之變者也。論菑蓋越人美嬴蚌張之象本嬴改嬴。羿敖以功力按功當作巧謂羿巧而敖力也。始軀蔞張之象本蔞改膢按所改非也次公稱月令必其明堂月令字如此也言立秋始殺而不及於嘗新不得以他書之膢字改之謂漢書注及風俗通古今注之類續漢書禮儀志又作劉又前孝養篇散不足篇皆云膢臘韓子五蠹云膢臘而相遺以水爲其語之所自出膢者說文云楚俗以二月祭飲食者也此士庶人之禮也膢在二月臘在冬至後三戌言膢臘者舉終始之辭兩事也或誤認風俗通之言膢臘者爲一事乃改其引楚俗以二月爲十二月非仲遠本然也玉篇廣韻皆云膢冀州八月楚俗二月此必出字林等書然殊失許氏之意許意以楚俗證韓子故膢與臘接出膢二月對臘冬至後三戌也否則舍冀州八月專取楚俗二月乃何理乎又漢書武帝紀太初二年春三月令天下膢五日即此膢耳而注家皆以貙膢說之未爲當也尤與此絕不相涉彼曰膢此在他書亦必曰貙膢二字連言說文一曰始殺食新曰貙膢今本始殺作祈穀貙作離者誤凡云一曰者必異義此固許例之可知者此天子之禮也後漢明帝永平元年六月丁卯初令百官貙膢見古今注言初可知武帝紀注之非其八月之膢殆又民間放效食新而轉更後時正因不得言貙膢故亦曰膢以致牽溷也雖不詳何始但叔重之時未嘗有是則明矣膢與貙膢久莫之辨故附詳於此風俗通全引說文亦以又曰爲異義仲遠自未必謂貙膢即膢矣然則其誤在晉以來也。文學曰同四時華本刪曰字。已上第九卷刑德誅諴蹠蹻不犯按諴當作誠誅誠與上文法不必相對。上附下附而服不過五按此當云上殺下殺而服不過五下文當云上附下附而刑不過五今本誤互易之也上殺下殺者五服降殺自己之上己之下也上附下附者附比也所謂上下比罪者也不知者移殺以連刑耳。馳行道中按馳行當作行馳上文馳道兩見如淳注漢書江充傳曰令乙乘騎二字今本倒車馬行馳道中已論者沒入車馬被具即其事也車馬當沒入則非其車馬故以舉苛而不止爲盜馬下文所言謂吏舞令乙文。韓子曰疾有固張之象本改國者按曰字當衍。身幽囚客死於秦秦按身下脫一字未詳秦字不當重此因上脫而下衍身ム幽囚四字爲一句張之象本改下秦爲本屬下非。申韓而民從風按從上當脫不字風字當衍下句而民不可化可字亦當衍。周秦雖有慶忌之健按健當作捷司馬相如諫獵亦云捷言慶忌。詔聖目錄詔作諸行一卒之令張之象本一卒改三章。則樓季三刃張之象本季下補難字。故過往之事張之象本往改任。而善聞言華本聞改問。湯武全肌骨而殷周治按此句當有誤上文云湯武刻肌膚蓋本與彼同也。大論訟者難張之象本訟上補無字。應少伯正之屬按應少未詳史記酷吏列傳楚有殿中杜少徐廣曰殿一作假漢書作段未詳此應當彼何字此云伯正下文云昆盧徐穀亦皆與史記白政漢書作百政堅盧漢書同徐勃漢書同武帝紀字作敎穀蓋敎形近之譌也駁異今無以訂之張之象本乃取漢書注於下名之曰古本幾使讀者誤謂其曾見鹽鐵論古本此處與漢書正同不亦厚誣乎凡張之象本所言古本盡皆出於懸揣實非世間眞有此本勿爲所惑可也。故癰疽不得成形華本癰改痤。孔子曰進見而不以能往者非賢士才女也華本不以改以不按拾補云大典以不此有誤也當作孔子以因進見呂氏春秋貴因有其語而不以能往非賢才也今本所誤不可通此與申韓篇孔子倡以仁義而民不從誤不從作從風者同皆傳鈔時未悉詆聖之意而失之也。孰合有媒華本合改令。適衞靈公圍按圍字誤也未詳此四句齊景衞靈陽虎桓魋皆稱其國謚姓名爲一例未必如張之象本所添有匡人圍之在其間也上文大夫言魯齊衞匡陳蔡亦自爲一例文學不言魯匡陳蔡大夫不言陽虎桓魋皆順其文之便下脫之字張之象本於此處多以意添之全誤。或之人非人也按或字當衍之人者此人也張之象本或上添狡字非。膠車脩逢雨按脩當作倏焦氏易林有膠車駕東與雨相逢五聱解墮之云大過之蠱遯之益蓋當時語故下文云請與諸生解易林出東漢人手或即取於此○雜論異哉吾所聞按漢書載此在田千秋之傳贊哉作乎○雍言王道按漢書雍作推拾補有○切而不⿰火素華本⿰火素改愫漢書無此句○惡然華本惡改悪漢書無此二字○大能自解漢書大作不○若夫羣丞相御史按相下當脫史字此書言羣丞相史御史與漢書言丞相御史兩府之士文不必同此下不言兩府之士漢書上不言羣皆順其文之便凡漢書與此不同葢孟堅多所潤色矣拾補以漢書補未是○何足筭哉張之象本筭改選按取漢書也筭選同字未必非次公用筭孟堅用選此類駮異皆當兩存之不得偏從也○已上

第十
卷
鹽鐵論考證

鹽鐵論考證後序

漢書傳贊謂始元鹽鐵當時頗有其議文至宣帝時次公推衍增廣條目著數萬言成一家之法今讀其書所以相詰難者大抵本羣經諸子而爲語歷世差久觀者茫昧不得其解如毀學篇昔李斯與包邱子俱事荀卿包邱子者浮邱伯也漢書楚元王交傳俱受詩於浮邱伯伯者孫卿門人也注服虔曰浮邱伯秦時儒生是其證散不足篇庶人即草蓐索經索經者以索爲經鄭注公食大夫皆卷自末云末經所終韓詩外傳說苑雜言皆云孔子困於陳蔡之閒席三

經之席是其證備胡篇春秋貶諸侯之後謂公羊春秋刺諸侯戍人而後至者襄五年冬戍陳十年戍鄭虎牢傳皆云孰戍之諸侯戍之曷爲不言諸侯戍之離至不可得而序故言我也何休五年注云離至離別前後至也又云乃解怠前後至故不序以刺中國之無信是其證取下篇是以有履畝之稅碩鼠之詩作也履畝碩鼠爲一事當出三家詩之序公羊宣十五年傳云稅畝者何履畝而稅也又云什一行而頌聲作矣正爲碩鼠詩而言三家詩公羊皆今文宜其說之相近潛夫論班祿云履畝稅而碩鼠作是其證

又潛夫論下云賦斂重而譚告通班祿頗而頎父刺

行人乏之而緜蠻諷皆上見序下見詩今本譌舛致不

可讀結和篇閭里常民尚有梟散梟散者貴賤也韓

非子外儲說左下博貴梟勝者必殺梟殺梟者是殺

所貴也儒者以爲害義戰國楚策唐且見春申君章

夫梟棊之所以能爲者以散棊佐之也夫一梟之不

勝五散亦明矣今君何不爲天下梟而令臣等爲散

乎是其證鄭注考工記有博立梟棊也詔聖篇春秋

原罪甫刑制獄制獄者哀矜折獄也乃今文尚書說

大傳曰聽訟雖得其指必哀矜之死者不可復生絕

者不可復續也書曰哀矜折獄故次公與春秋原罪並言論語片言可以折獄者釋文云魯讀折爲制漢書刑法志曰書云伯夷降典折民惟刑言制禮以止刑其説亦本諸大傳是其證伏生次公及班孟堅皆讀折爲制者今本大傳作哲漢書作悊非也此類皆徵驗明白然知之者或寡矣古餘先生雅好是書用功甚深既刻涂禎本而附之考證所以正其踳理其紛者皆精心獨詣刊落常聞批卻導窾不假穿鑿眞有如兒説之解蔽結也閒與廣圻往復講論援引載籍旁推交通多得要領因非涉字句譌錯者例不兼

著故敢撮取一二附書於末具如右條俾學子合而
觀之尚能循緒探索曉其詞以識其意則西京儒家
之言將昭然復顯尤先生所亟亟想望者也嘉慶丁
卯六月元和顧廣圻

師顧堂叢書已刊書目

儀禮圖 六卷 〔清〕張惠言 撰
覆宋嚴州本儀禮鄭注 十七卷 〔漢〕鄭玄 注
武英殿聚珍版儀禮識誤 三卷 〔宋〕張淳 撰
張敦仁本儀禮疏 五十卷 〔漢〕鄭玄 注 〔唐〕賈公彦 疏
景宋單疏本周易正義 十四卷 〔唐〕孔穎達 疏
鉅宋廣韻 五卷 〔宋〕陳彭年 修
儀禮正義 四十卷 〔清〕胡培翬 撰 楊大堉 胡肇昕 補
景宋蜀刻本孟子趙注 十四卷 〔漢〕趙岐 注
張敦仁本鹽鐵論 十卷 〔漢〕桓寬 撰